참으로
마음이
편안해지는 책

참으로
마음이
편안해지는 책

가나모리 우라코 지음 | 최윤아 옮김

마음이 조금씩 편안해지는 비결

얼마 전 저는 교통사고를 당했습니다.

17년간 무사고 경력을 가진 저로서는 큰일이었습니다. 게다가 주위 사람들에게 뭐라 한 소리를 들을 법한, 오토바이를 타다가 일어난 사고였습니다. 일하다가 오토바이를 탄 게 아니라 순전히 놀이 삼아 타다가 저지른 일이라 '예순을 넘은 할머니가 점잖지 못하게 오토바이를 타다니' 하고 나를 비난한다 해도 변명의 여지가 없는 일이었습니다. 어쨌든 그 사고로 저는 양다리와 가슴팍에 심한 골절상을 입고 병원 신세를 지게 되었습니다.

분명 여러분도 이렇게 생각하시겠죠? '어쩜 그런 바보 같은 짓을 했을까' 하고 말입니다.

하지만 솔직히 말해서 나는 조금도 부끄럽게 생각하지

않을뿐더러 바보 같은 짓을 저질렀다고 생각하지 않습니다.

물론 교통사고를 당하지 않는 편이 좋은 것은 굳이 말할 필요도 없습니다만 나는 이 사고가 앞으로의 내 인생에 큰 의미를 지닐 것이라는 생각이 들었습니다.

더욱 주의해야겠다고는 생각했지만 눈곱만큼도 나 자신을 책망하지 않았습니다. 그리고 다른 누구보다 나의 사고로 번거로웠을 가족도 나를 탓하는 말은 한마디도 꺼내지 않았습니다. '병원에 입원해서 푹 쉬라는 하늘의 뜻인가봐' 라는 말을 건네며 가족 모두가 나를 돌봐 주었습니다.

이처럼 무슨 일이 일어나든 부정적으로 받아들이지 않는 마음 자세가 매우 중요하다고 생각합니다. 같은 일을 당하고도 어둡고 침울한 나날을 보내느냐, 밝고 명랑한 나날을 보내느냐는 마음가짐에 달려 있습니다.

제 생각이 틀렸다고요? 나쁜 일은 어떻게 말해도 나쁜 일일 수밖에 없다고요?

그럴지도 모릅니다. '멋진 인생을 살아가는 비결'을 아직 알지 못했다면 그렇게 생각하는 것이 당연합니다. 하지만 지금 여러분이 펼친 이 책을 한 장씩 읽어 가다 보면 그런 생각은 온데간데없이 자취를 감출 것입니다. 그리고 마지막 장을 읽고 나서는 '정말 그렇구나' 하고 생각하게 될 것입니다.

사고가 일어난 날, 나는 오토바이를 타고 여행을 즐기고 있었습니다.

조용한 호수에 비친 험준한 산세에 넋을 잃고, 쪽빛 하늘을 흘러가는 흰 구름의 광채를 받아 내 마음도 맑아졌습니다. 밤에는 칠월칠석을 앞둔 광활한 하늘에 반짝이는 별을 보며 어린 시절 들었던 별자리 이야기를 떠올렸습니다. 그렇게 풍요로운 자연 속을 오토바이를 타고 달리자 내 머릿속은 모든 잡념이 사라진 깨끗한 백지상태가 되었습니다.

모든 것으로부터 자유로워지자 어떤 일이라도 용서할 수 있을 것 같은 너그러움으로 가슴이 충만해졌고, 몸도 마음도 날아갈 듯 가벼워졌습니다.

이 멋진 여행의 끝에서 사고를 당하고 만 것입니다. 집까지 불과 5분도 채 남지 않은 곳까지 왔을 때 교차로에서 내 오토바이가 택시와 충돌했습니다.

내 몸도 아팠지만 나의 애마 오토바이는 얼마나 아팠을

까요. 3만 킬로미터 이상을 함께 달려 온, 추억으로 가득 찬 오토바이는 재생 불능의 상태가 되고 말았습니다.

나는 사고 직후 구급차에 실려 병원에 도착했고 신속하게 응급조치를 받았습니다. 이윽고 사고 소식을 듣고 달려온 둘째 아들은 붕대를 감은 내 다리를 보더니 못 말린다는 듯이 웃었습니다. 마치 '기어이 한 건 하셨네요'라고 말하는 것 같았습니다. 그러나 아들은 나를 탓하는 말은 한마디도 않고 얼음으로 마사지를 해 주면서 나를 간병해 주었습니다.

다음 날 나는 집 근처의 병원으로 이동하여 입원했습니다. 일주일 뒤, 해외여행에서 돌아온 딸이 그 길로 병원으로 달려와 내게 던진 한마디는 "엄마, 드디어 푹 쉴 수 있게 되었네요"였습니다. 그리고 장남도 며느리와 함께 문병을 와서는 말했습니다. "하늘에서 어머니에게 특별 휴가를 주셨군요. 그래도 즐거운 여행을 한 뒤라 다행이네요"라고요.

나는 사랑하는 가족 모두가 나를 책망하지 않은 것에 대해 얼마나 감사했는지 모릅니다. 모두를 놀라게 한 것에 대해 용서받았기 때문에 나도 나 자신을 용서할 수 있었던 것입니다.

병원에 입원해 있는 동안 나는 반성도 하고 그 사고를 통해 깨달은 바를 정리했습니다. 하지만 한편으로는 퇴원하고 체력을 회복하면 '다시 오토바이를 타야지' 하고 생각했습니다. 가족도 나의 그런 결심을 당연하게 여겨서인지 오토바이는 그만 타라는 식의 강요는 하지 않았습니다. 내가 오토바이를 타면서 얼마나 멋진 경험을 해 왔는지 이해해 주었기 때문입니다.

나는 분명히 사고를 당하고 아픔도 느꼈습니다. 그리고 애지중지하던 오토바이와도 헤어져야 했습니다. 하지만 그동안 오토바이를 타고 돌아다니며 체험한 모든 것은 내 마음속 깊숙이 자리 잡고 있었기에 나는 또 달리자고 결심했던 것입니다.

나는 내 결심을 후회하지 않습니다. 이 책을 쓰기 시작한 것도 병원에 입원해 있을 때였습니다. 출판사의 한 편집부 직원이 앙증맞은 꽃다발을 안고 깁스를 한 채 누워 있는 나를 찾아와서는 이 책을 집필할 수 있는 기회를 주신 것입니다.

나는 이것이 우연의 일치가 아니라고 생각합니다. 이 책의 원고를 쓰면서 이런 나의 생각이 옳았음이 더욱 확실해질 것입니다. 이러한 기회를 통해 여러분과 만날 수 있다는 것도 참으로 감사한 일입니다. 페이지를 넘기면서 제가 건네는 말들에 마음이 편안해지는 순간을 맞이하기를 바랍니다.

4장 마음이 편안해지는 비결

5장 행복을 부르는 주문

1장

◇

좀 더 마음 편하게, 너그럽게
그리고 즐겁게

참는 것보다
더 중요한 것

사람들은 종종 아무렇지도 않게 참으라는 말을 합니다. 특히 부모들이 그렇지요. 대부분의 사람은 인내를 당연한 것으로 여기며 심지어는 미덕 중의 하나라고까지 생각하는 듯합니다. 그런데 과연 참는 것이 능사일까요? 반드시 필요한 일일까요?

나는 인내가 좋은 것이라든지 꼭 필요한 것이라고는 생각하지 않습니다. 오히려 지금의 우리에게는 정말 필요 없는 일이라고 생각합니다. 나 자신에게 아무 도움도 되지 않습니다.

억지로 참다 보면 자기도 모르는 사이에 마음이 비뚤어집니다. 마음속에 나쁜 에너지를 축적하는 것입니다. 꾹 참고 있으면 언젠가는 터지게 마련입니다. 살찌는 것이 싫다고 먹는 것을 참으면 얼마 못 가서 다이어트를 포기하고 전보다 훨씬 많이 먹어버리는 것처럼요.

여러분도 그런 경험이 있을지 모르겠군요. 누군가를 만나고 싶은 마음을 억누르며 참다 보면 만나고 싶은 마음이 더욱 간절해져서 나중에는 자신을 억제할 수 없게 되기도 하지 않습니까?

애초에 사람은 정말로 해서는 안 되는 일이라면 자연히 하지 않도록 만들어져 있습니다. 참지 않아도, 강인한 의지로 밀어붙이지 않아도 자연스레 다른 길을 찾게 되어 있다는 말입니다.

부모님이나 학교 선생님들은 언제나 당신에게 참을 것을 강요해 왔을 것입니다. 그럴 때마다 마음속으로는 '왜 참아야 하는 거지?' 하고 반발심이 들면서도 부모님과 선생님이 시키는 대로 참아 왔습니다. 그래서 지금도 내가 하고 싶은 것을 하려는데 망설이기부터 하는, '인내의 인생'을 살고 있을지도 모릅니다.

하지만 이제부터는 '참을 필요가 있나?' 하며 마음을 바꿔 보는 것은 어떨까요.

그리고 당신이 하고 싶은 일이 있었다면, 그것을 내내 참아 왔다면 이제는 시도해보면 어떨까요. 당신에게는 분명히 재능이 있습니다. 누군가의 반대로 인해, 환경이 따라 주지 않았기 때문에 그것을 펼치지 못했을 테지요. 그런 훌륭한 재능을 묻어 두는 것은 아까운 일 아닌가요? 더 이상 참지 않아도 됩니다. 자신의 능력을 맘껏 펼쳐도, 참지 않아도 구별할 수 있는 능력이 자신에게 있다는 사실을 이제부터 믿어 보세요.

당신이 갓난아기였을 때를 상상해 보세요. 배고픔을 느낄 때마다 당신은 큰 소리로 울어댔을 겁니다. 기저귀가 축축해져 기분이 나쁠 때도 역시 큰 소리로 울었습니다. 눈앞에 엄마의 모습이 보이지 않으면 불현듯 쓸쓸함과 불안을 느껴 목청이 찢어져라 울어댔겠지요.

생각해 보면 그때의 당신은 조금도 참지 않았습니다. 그것이 바로 인생의 출발점이었습니다.

그렇게도 작고 귀엽던 당신이 지금은 어엿한 어른으로 성장했습니다. 이제는 조금 배가 고프다고 해서 큰 소리로 울지 않습니다. 화장실에 가고 싶으면 화장실에 도착할 때까지 용변을 참을 수 있게 되었습니다.

이러한 일들이 쉬운 것 같나요? 이것들을 제대로 할 수 있는 것만도 대단한 것이라고 생각하지 않습니까? 심지어 우리는 주위에 아무도 없어 고독할 때에도 쓸쓸하다고 느끼기보다 고독의 쾌감을 즐길 수 있는 경지에 이르렀습니다. 하지만 이것들이 모두 참을 수 있는 인내심을 얻게 되어서일까요?

확실히 인내라는 말로 설명하는 것이 간단한 방법인 것 같습니다. 무슨 일이든 인내라는 말로 이를 악물고 참고 견뎠기 때문에 지금까지 그 험난한 인생역경을 극복해낼 수 있었다고 생각하는 사람도 있겠지요. 맞습니다. 우리의 인생에는 참고 견뎌야 할 일이 굉장히 많았습니다. 그리고 우리는 단순히 참고 견디는 일 그 이상의 것도 깨달았습니다.

배가 고픈 것에 대해 아이처럼 반응하지 않고 참아낼 수 있게 된 것은 배가 고프다는 것의 의미와 배가 고픈 뒤 먹는 음식이 더욱 맛있다는 것을 알았기 때문이 아니겠습니까? 배가 고픈 다음에야 정말 맛있게 먹을 수 있다는 것을 여태 껏 살아오면서 수없이 경험해 왔기 때문이 아닐까요?

다시 말해 배고픔의 미학을 깨달았다는 말입니다. 그렇 다면 이렇게 생각하는 것과 단순히 배가 고픈 것을 참을 수 있게 되어서라고 생각하는 것 중 어느 쪽이 마음에 와닿습 니까?

어린 당신이 더 이상 기저귀를 차지 않아도 될 나이에 접 어들었을 때 어머니의 참으라는 말을 듣지 않더라도 스스로 알고 있었을 것입니다. 조금만 주의한 뒤에 화장실에 도착 해서 용변을 보는 것이 편리하다는 것을 말입니다. 그러므 로 어머니가 무리하게 인내를 강요하지 않아도 화장실에 가 는 타이밍을 자연스레 습득하게 된 것입니다.

주위에 아무도 없는 쓸쓸함도 마찬가지입니다. 하물며 어린 당신도 혼자서 놀고 싶다고 생각한 적이 있었을 것입니 다. 당신은 자신도 모르게 '혼자 있는 시간이 주는 편안함'과

'남과 함께 할 때의 즐거움'을 알게 된 것입니다.

　상황에 따라 인내가 필요할 때가 있다는 것은 인정하지만 그런 인내는 나중의 보다 큰 즐거움을 만끽하기 위한 과정이 되어야지, 그것이 삶에 있어서 주가 되어서는 안 된다는 것을 기억하세요.

사람들은
왜 산을 오르는가

혹시 등산을 좋아하시나요? 등산을 별로 좋아하지 않더라도 땀을 흘리고 열심히 움직여서 이윽고 정상에 올랐을 때의 찡한 감동을 체험한 적이 한 번쯤은 있을 것입니다. 아주 높은 산이 아니어도, 조금 높은 언덕에만 올라도 괜스레 뿌듯함을 느끼지 않습니까?

여기서 생각해 봅시다. 산이나 언덕에 오르기가 싫을 때도 사람들은 참아야 하는 걸까요? 가쁜 숨과 근육의 피로, 다리의 무게를 견뎌가며 끝까지 올라가야만 하는 걸까요?

흔히 인생을 등산에 빗대어 '괴로움을 참은 결과로 얻게 되는 기쁨'이라고 말하기도 하지요. 나는 조금 다르게 생각합니다. 산에 올랐을 때의 기쁨과 감동을 진정으로 아는 사람이라면 도중의 비탈길에서 고통이나 괴로움을 느끼지 않는다고 생각하기 때문입니다. 그러니까 이 모든 과정을 괴로움을 참아내는 것이 아니라 큰 기쁨으로 향하는 값진 여정이라고 생각하자는 것입니다.

제 말이 너무나 태평하다고요? 아마 인생을 고통과 고난, 인내의 연속이라고 생각하는 사람에게는 그렇게 들릴지 모릅니다. 하지만 생각을 조금만 바꾸어 보세요. 고통이나 고난을 참는 것을 훗날의 즐거움을 위한 '투자'라고 생각하고 그 과정을 하나하나 달성해 나간다면 인생을 보다 즐겁게 살 수 있습니다.

나도 이 책의 원고를 마무리하려면 지금까지 쓴 글의 몇십 배 정도 더 글을 써야 합니다. 간혹 마감날짜를 헤아려 보다가 눈앞이 캄캄해지기도 합니다. 새로운 글을 쓸 때마다 매번 겪는 일이지요. 글을 쓰려면 쉬지 않고 생각해야 합니다. 졸음을 참아야 하는 밤도 여러 날입니다.

이 과정을 고통스럽다고 느끼면서 글을 써 나가는 것이 좋을까요, 아니면 책이 출판되어 지금 이렇게 당신이 읽으면서 약간의 감동이라도 느낄 순간을 기대하며 쓰는 것이 좋을까요? 어느 쪽이 득이 될지는 말하지 않아도 아시겠지요.

사실 우리는 인생을 즐거운 시간만 보내며 살 수는 없습니다. 이런 의미에서 약간의 인내가 필요한 경우가 있음을 인정해야 할지 모릅니다. 그럼에도 불구하고 감히 인내가 불필요하다고 말하는 것은 현재의 인내보다는 나중에 보다 중요한 것이 있다는 사실을 알아주었으면 하는 마음에서입니다.

인내보다 더욱 중요한 것은 바로 '만족하는 것'과 '안심하는 것'입니다. 그런데 이 세상에는 만족을 위해서 모든 것을 참아야 하고, 안심을 위해서 불안을 견뎌야 할 때가 너무 많은 것 같습니다.

몸과 마음이 만족감으로 충만해지는 경험을 거듭하면, 온 힘을 다해서 인내하지 않아도 자연스레 만족감을 느낄 때를 기다리며 지낼 수 있게 됩니다. 고통 따위는 전혀 느끼지 않고 밝은 얼굴로 지낼 수 있습니다. 또한, 불안 속에서도 공포에 떨지 않고 불안의 원인을 정확히 파악하여 그것을 해결할 수 있게 됩니다.

그러므로 '만족하는 것'과 '안심하는 것'을 염두에 두지 않고 무조건 인내만을 강요하는 일은 현명하지 못한 방법입니다. 타인에게든 자신에게든 가능하다면 인내를 강요하지 않는 게 좋습니다. 특히 자기 자신에게는 더더욱 그래야 합니다. 어릴 때부터 지금까지 주위의 많은 사람과 상황들이 당신에게 강요해 온 수많은 인내로부터 당신의 마음을 하나씩 풀어 줍시다.

괜찮습니다. 참지 않아도 멋진 인생을 사는 방법, 원활한 인간관계 속에서 밝게 사는 방법, 원대한 꿈을 향해 한 걸음씩 걸어 나가는 방법이 얼마든지 있습니다.

이 책에서 나는 이렇게 즐겁고 풍요로운 나날을 보내기 위한 방법에 대해 이야기하려고 합니다. 그러므로 우선 내가 하고 싶은 것들을 더 이상 참지 않아도 된다고 당신의 마음속에 확실히 입력해 주세요. 입력하셨나요? 그럼 다음 이야기로 넘어가 봅시다.

이유 없이
그저 좋아서 하는 일을 만들자

당신은 요리를 좋아합니까? 청소나 빨래는 어떻습니까? 학생이라면 공부는 좋아합니까? 여행을 떠나거나 친구들을 초대해서 파티를 여는 것을 좋아합니까? 나는 전부 좋아합니다. 무엇을 해도 귀찮거나 괴롭게 느끼지 않습니다. 왜냐하면 할 수 있는 일이라고 생각하면 즐겁게 하는 것이 제일이고, 할 수 없을 때는 하지 않으면 되니까요. 할 수 있을 때 하는 일에도 고통을 느낀다면 소중한 시간이 아깝지 않은가요? 내가 할 수 있는 일은 최대한 즐기면서 해 봅시다. 그럼 정말 즐거운 일이 됩니다.

　여기 A와 B라는 두 사람의 예를 함께 살펴봅시다.

　A는 요리를 좋아합니다. 세탁과 청소는 그다지 좋아하지 않지만 여러모로 궁리를 해서 나름대로 즐기면서 하고 있습니다. 여행도 좋아해서 여기를 가 볼까, 저기를 가 볼까 자주 계획을 세우고, 돈과 시간만 있으면 언제라도 망설이지 않고 출발합니다.

　물론 A는 파티도 좋아합니다. 친한 친구들을 불러 모아서 노는 것을 좋아합니다. 친구들이 돌아간 뒤에 어지럽혀진 집 청소도 하나도 귀찮지 않고 즐거운 마음으로 하고 있으므로 매번 자신의 집에서 파티를 엽니다.

　A는 취미생활도 여러 가지 하고 있습니다. 뜨개질과 독서를 좋아하는 동시에 스키와 스쿠버다이빙 같은 스포츠도 좋아합니다. 매일 하는 것은 아니지만 기회가 있을 때면 기쁜 마음으로 합니다.

　학창 시절, A는 의외로 공부도 재미있다고 생각했습니다. 이를 악물고 공부한 것은 아니었지만 좋아하는 과목들에서는 그런대로 괜찮은 성적을 받았습니다.

한편 B는 요리를 못 합니다. 못 한다기보다는 요리를 만드는 것이 귀찮아서 인스턴트를 먹을 때가 많습니다. 세탁과 청소는 정말 싫지만 집 안이 더러운 것은 참지 못하므로 열심히 하고 있습니다.

여행은 누가 모든 준비를 해 준다면 갈지 말지 잠시 고민해 보다가 다녀온 후의 피로를 생각하면 역시 귀찮아져서 거절합니다. 파티를 자기 집에서 여는 일은 생각하는 것만으로도 번거롭고 싫습니다.

독서는 머리가 아파서 싫어합니다. 스키와 스쿠버다이빙도 장비를 준비하고 왔다 갔다 할 것을 생각하니 영 번거로워서 자진해서 할 마음은 전혀 없습니다. 하지만 B는 뜨개질을 아주 좋아합니다. 왜냐하면 뜨개질은 TV를 보면서 아무 생각 없이 손가락을 움직이는 것만으로도 가능한 일이고 완성하면 자기가 쓰거나 선물할 수도 있기 때문입니다.

학창 시절, B는 성적이 우수한 학생이었습니다. 싫어하는 과목도 이를 악물고 열심히 공부했기 때문에 언제나 1등을 놓치지 않았습니다.

A는 말합니다.

"나는 무슨 일을 하든 좋아서 할 뿐입니다. 요리도 맛있는 음식을 만들면 스스로 대견하잖아요. 내가 만든 요리를 다른 사람이 먹고 맛있다고 한다면 그 이상 기쁜 일이 없습니다. 그러니까 열심히 요리를 연구하는 겁니다."

B는 말합니다.

"요리요? 정말 귀찮은 일이죠. 그래서 주로 인스턴트를 애용해요. 어차피 뱃속에 들어가면 똑같은데 굳이 연구를 해야 하나요?"

과연 어느 쪽이 멋진 인생을 살고 있는지 굳이 말하지 않아도 아시겠지요. 누구에게 친구가 더 늘어날지, 어느 쪽에 보다 많은 기회가 있을지도 말입니다. 그래도 나는 B를 나무라고 싶지 않습니다. B의 기분이 이해되기 때문입니다.

B는 이렇게 말합니다.

"나는 무슨 일이든 대강대강 하는 것이 싫습니다. 부모님은 제게 이왕 하는 일이라면 열심히 하라고 말씀하셨거든요."

B는 적당하게, 즐겁게 한다는 감각이 없는 것입니다. 언제나 열심히 해야 한다는 마음이 너무 앞서기 때문에 무슨 일을 시작하는 것 자체가 귀찮습니다. 당신도 B의 마음을 이해할 수 있을 것입니다. 따라서 나는 노력, 열심, 필사, 이를 악물다……, 이런 말들은 다른 사람에게 듣고 싶지도 않고 또한 남에게 강요해서도 안 될 말이라고 생각합니다.

그럼 A는 이런 말들과는 전혀 무관한 사람일까요? 전혀 그렇지 않습니다. A도 자신은 의식하지 못했겠지만 열심히 노력하고 필사적으로 이를 악물었을 것입니다. 그러나 남이 말해서가 아니라 자신이 좋아서, 자신이 보람을 느껴서 했다는 차이가 있습니다.

나도 스키 타는 것이 너무너무 즐거웠던 시기가 있었습니다. 당시에는 북쪽 지방에 눈 소식이 예정되면 설레는 마음으로 스키를 타러 달려가곤 했습니다. 그런 나였기에 차가운 눈밭을 아무리 굴러도 좋았습니다. 구르다가 플레이트가 떨어져 나가서 무거운 스키 부츠를 신은 발로 헐떡이며 플레이트를 주우러 여러 차례 언덕을 오르기도 했습니다.

함께 스키를 타러 간 친구들은 하나같이 나보고 열심히 한다고 칭찬했지만 사실 나는 노력하거나 애쓴 적은 없었습니다. 물론 급사면을 내려올 때는 이를 악물고 열심히 내려왔어도 이후에 남는 것은 고생한 기억이 아니라 기쁨뿐이었습니다.

노력은 이처럼 결과적으로 느끼는 것이지 억지로 자신에게 강요하는 것이 아닙니다. 가장 중요한 것은 '무슨 일을 하든 즐기는 것'입니다. 기분 좋게 시작해서 하고 싶으면 해 보는 것입니다. 그렇게 하면 반드시 세계가 넓어집니다.

나는 모든 사람이 그런 멋진 재능을 갖추고 있다고 믿습니다. 그러므로 다른 사람은 물론 자신에게도 노력을 강요하지 않아야 합니다. '강요하는 것'이 아니라 '즐기는 것'을 기억하세요.

그렇게 함으로써 지금까지 노력이라는 강박관념 뒤에 가려져 숨죽이고 있던 재능을 서서히 꽃피울 수 있습니다. 교제의 폭도 넓어집니다. 이것이야말로 풍요롭고 행복한 인생을 살아갈 수 있는 조건이라고 생각합니다.

하고 싶은
말이 있으면 하자

"저는 남의 기분을 생각해서 하고 싶은 말이 있어도 말하지 않는 경우가 많습니다."

나는 사실 이런 습관도 유익하지 않다고 생각합니다. 물론 인간관계에서는 때때로 하고 싶은 말이 있어도 하지 않는 것이 이롭기도 합니다. 하지만 그것과 '남의 기분'을 생각해서 하고 싶은 말을 참는 것은 전혀 다릅니다.

하고 싶은 말이 있으면 언제라도, 누구에게라도, 주저하지 말고 말하세요. 그러면 싸움이 일어난다고요? 그럴지도 모릅니다. 그렇다면 싸우면 되지 않습니까? 그러다 미움이라도 받으면 어떻게 하냐고요? 그럼 미움을 받으면 되지 않습니까.

어쩌면 당신을 싫어하는 사람은 그 단계에서 당신에게 필요 없는 존재인지도 모르고, 미움받는 것이 두려워 자신의 마음을 억누르고 있기보다 미움을 받고 나서 '자, 이제 어떻게 할까' 하고 해결 방법을 생각하는 편이 훨씬 적극적인 방법이 아니겠습니까?

싸움이 일어나거나 미움을 받을지라도 하고 싶은 말이 있으면 하는 게 좋습니다. 단, 한 가지 염두에 두어야 할 사항이 있습니다. 바로 '내가 할 말이 있을 때는 상대도 그만큼 내게 할 말이 있다'는 점입니다.

결국 싸움이 일어나거나 미움을 받는 것은 자신이 하고 싶은 말을 해서가 아닙니다. 말해 버린 내용이 무분별한 비난이 아니라면, 문제는 자신이 하고자 하는 말만 일방적으로 해 버리고 상대의 말은 듣지 않는다는 데서 생겨납니다. 내가 하고 싶은 말을 했다면, 그다음은 상대의 말을 들어 줄 차례입니다. 그것으로 문제는 해결되는 것입니다.

만일 당신이 하고 싶은 말을 했을 때 상대가 '어떻게 그런 말을 할 수 있어? 그게 할 말이야?' 하고 화를 내면 이렇게 물어보세요.

"내가 한 말의 어디가 싫은 거죠?"

이때 추궁하는 것이 아니라 가르쳐 달라는 식으로 물어보세요. '이 사람은 내 말을 들을 준비가 되어 있구나'라는 인상을 받은 상대는 당신에 대한 미움을 거두고 대화를 시작할 것입니다. 더욱이 당신이 상대의 말에 열심히 귀를 기울이며 그것을 받아들이면 험악한 분위기는 어딘가로 사라지고 서로 감정을 상하게 하지 않고 대화할 수 있다는 신뢰감이 생깁니다.

그동안 내가 해 왔던 소통에 대해서 한번 되짚어 보세요. 내가 하고 싶은 말을 했을 때 싸움이 일어났는지, 그 과정에서 상대는 나의 어떤 부분을 지적했는지, 어떤 이유로 나는 결국 하고 싶은 말을 하지 않기로 결심했는지를 말이죠. 그리고 내가 하고 싶은 말을 하지 않는 것이 역으로 상대가 하고 싶은 말을 듣지 않는 원인이 되고 있지는 않은가를 말이죠.

말하는 것과 듣는 것은 동시에 일어나는 일입니다. 하고 싶은 말을 하지 않으면 상대의 말도 제대로 들을 수 없습니다. 내가 하고 싶은 말을 하면 상대의 말에도 마음을 열고 귀를 기울일 수 있습니다. 상대도 내게 하고 싶은 말을 할 수 있으니 비로소 마음과 마음의 교류가 시작되는 것입니다.

그러므로 '상대의 기분이나 마음을 배려해서 하고 싶은 말도 못 한다'는 생각을 바꿔 봅시다. 진정으로 상대의 기분을 생각한다면 싸움이 일어날 우려가 있어도, 미움받을지 모른다는 불안감을 느껴도, 일단 하고 싶은 말을 하는 일부터 시작하세요. 그것이 좋은 친구를 사귀고 보다 원만한 인간관계를 구축해 나가는 첫걸음이 될 것입니다.

말 한마디로도
친밀감을 쌓을 수 있다

하고 싶은 말을 하는 것은 매우 간단한 일인데도 다들 섣불리 실행하지 못하고 있습니다. 왜냐하면 보통은 자신이 먼저 하고 싶은 말을 꺼내기보다 상대가 먼저 하고 싶은 말을 꺼내기를 기다리는 편이 낫다고 생각하기 때문입니다. 이렇게 서로가 하고 싶은 말을 참다 보면 점점 숨이 막혀 옵니다.

낯선 사람들이 모인 병원의 대합실이라든지, 열차를 기다리는 대기실이라든지 모두 입을 꾹 다물고 있어 왠지 모르게 답답함을 느낀 적은 없습니까? 아마 있을 겁니다. 그럴 경우 이렇게 한마디만 해 봅시다. '어디가 아파서 오셨어요?' 혹은 '오늘 날씨가 참 좋죠', '요즘 독감이 유행이라면서요'라고요.

이처럼 별 의미 없는 한마디로도 서로가 편안해질 수 있습니다. 좀 더 마음 편하게, 즐겁게, 너그럽게 하고 싶은 말을 해 버립시다. 길에서 스쳐 지나가는 사람에게 살짝 미소 짓는 것도 하고 싶은 말을 하는 것입니다. 굳이 말하지 않더라도 말입니다.

사람이 사람에게 말을 한다는 것은 어렵고 거창한 것이 아닙니다. 아무리 어려운 문제에 대해 논할 때도 '당신은 어떻게 생각하세요? 나는 이렇게 생각하는데요'의 반복일 뿐입니다. 그렇게 서로 이야기를 주고받으면서 편하고 친밀한 사이가 되는 것입니다.

친구 사이든 연인 사이든 동료 사이든 마찬가지입니다. 어색한 분위기가 연출되면 먼저 '안녕' 하고 인사를 건네거나 '무슨 일 있어?' 하고 물어봅시다. 간단한 한마디라도 '언제나 당신을 생각하고 있다'는 마음의 표현입니다. 그 후에 당신이 하고 싶은 이야기나 하고 싶은 말을 골라 한마디하고 상

대의 한마디도 잘 들어 주면 됩니다.

　아무리 골치 아픈 문제도 이렇게 하면 100퍼센트 해결됩니다. 말하지 않고 있으면 어색한 침묵이 흐르지만 일단 하고 싶은 말을 꺼낸 순간부터 만사 OK인 거죠. 그 순간에 꼭 해결해야 할 필요는 없습니다. 당신이 상대에게 하고 싶은 말을 전함으로써 당신이 상대를 생각하고 있으며 필요로 한다는 것을 알릴 수 있으니까요.

　하고 싶은 말도 하지 못하는 사이는 서로 불편하고 불안할 뿐입니다. 내가 싫은 건지 어떤 건지 당신뿐만이 아니라 상대도 계속 신경 쓰이고 마음이 흔들리게 됩니다.

　하고 싶은 말을 한 탓에 결정적인 파국을 맞이하는 경우도 있을 수 있습니다. 그러나 이것은 단지 지금으로서는 서로 상대의 말을 받아들일 수 없는 상태일 뿐이라고 이해합시다. 해결될 날은 반드시, 틀림없이 찾아올 테니까요. 하고 싶은 말도 하지 못하고 마음이 불편한 세월을 보내는 것보다 훨씬 좋은 방법 아니겠습니까?

인생에 실패는 있어도
실패한 인생은 없다

앞서 이야기한 결정적인 파국의 상태도 고민할 필요가 없음을 알아 둡시다. 나는 되돌릴 수 없는 일은 생명을 잃는 일 외에는 없다고 생각합니다.

이런 말이 있습니다.

"목숨이 붙어 있고 볼 일이다."

이 말은 '살아만 있다면 무슨 일이든 할 수 있으니 생명을 소중히 하라'는 의미와 함께 '목숨만 붙어 있으면 그 어떤 것도 두려워할 필요가 없다'라는 의미로도 해석할 수 있습니다. 그러므로 생명을 잃는 일 외의 모든 일은 돌이킬 수 있는 셈입니다.

말 한마디에 실패할 수도 있습니다. 참지 않고 해 버려서 그르치는 일도 있습니다. 하지만 거기서 끝이 아닙니다. 어떻게든 다음 단계로 나아갈 수 있으므로 실패를 두려워할 이유는 없습니다.

우리는 종종 이렇게 말하곤 합니다.

"아, 돌이킬 수 없는 일을 저지르고 말았다!"

상당히 낙담한 상태입니다. 이제 내 인생에 내일은 없다. 아무리 발버둥쳐도 돌이킬 수 없다. 이런 생각이 꼬리에 꼬리를 무는 동시에 불안, 초조, 자책과 같은 감정이 휘몰아칩니다.

돌이킬 수 없다고 생각하면 한없이 낙담하고 언제까지고 자신을 탓하게 됩니다. 하지만 돌이킬 수 없는 일을 저지른 그 이후에 정말 당신의 인생이 완전히 끝나 버렸습니까?

물론 지금까지도 해결되지 않은 일이 있을 수 있습니다. 그러나 대개의 경우 차츰 해결의 실마리가 보이게 마련입니다.

실패란 귀중합니다. 일단 한번 실패를 겪으면 사람은 다음번에는 똑같은 실패를 되풀이하지 않으려고 노력합니다. 바로 그때 지혜라는 멋진 보배를 손에 넣을 수 있습니다. 그러므로 많이 실패한 사람일수록 인생은 더욱 풍요로워집니다.

실패를 겪은 후 다시 무언가를 하려 할 때는, 그 전 단계의 인내는 의식하지 않게 됩니다. 인내하고 무리해서 참으며 일을 하는 것이 아니라 '이렇게 하는 것이 보다 좋은 결과를 가져온다'는 것을 알게 되는 것입니다. 그러므로 참지 않아도 굳이 인내하지 않아도 보다 나은 방법, 보다 현명한 선택을 할 수 있습니다.

따라서 돌이킬 수 없는 실패란 없습니다. 실패하지 않으려고 지나치게 조심스럽게 행동하거나 아예 시도조차 하지 않는 것이 오히려 실패에 가깝습니다.

나의 인생도 실패의 연속이었습니다. 하고 싶은 일이 있다면 앞뒤 생각 없이 돌진하고 입에서 나오는 대로 말을 해버리기 때문에 내 옛날 일기장에는 실패담이 수두룩하게 기록되어 있습니다. 하지만 실패한 이후에는 실패한 만큼의 성공담도 분명 있습니다. 실패를 했기 때문에 성공과 만족의 수도 그만큼 늘어났다고 나는 믿습니다.

진정한 반성은 되돌릴 수 있다는 자신감이 있을 때 가능한 것입니다. 무슨 좋은 방법이 없을까, 하며 머리를 굴리고 궁리할 때 자신이 미처 깨닫지 못했던 점이나 실패한 원인을 깊이 생각해 볼 수 있습니다.

이런 자신감이 미처 생겨나기도 전에 '돌이킬 수 없는 실패'라는 말로 사람을 궁지에 모는 행위는 인간의 능력에 대한 모독입니다.

개중에는 못된 버릇을 가진 사람이 많습니다.

'괜찮아, 어떤 일이든 반드시 해결할 수 있어' 하고 안심시키며 자신감과 의욕을 되찾게 하는 것이 아니라, '어떻게 그런 실수를 저지를 수가 있니' 하며 오히려 상대의 의욕과 자신감마저 짓눌러 버리는 사람이 있습니다.

참 슬픈 일입니다. 주위 사람들의 능력을 저하시킴으로써 자신을 안심시키는 사람들이란 참으로 불쌍한 존재입니다. 또, 자기 자신에게 '되돌릴 수 없는 실패를 저질렀다'며 중얼거리는 사람도 주위 사람들에게 같은 말을 하기 쉬운 타입입니다.

잘 기억해 두세요. 어떤 일에 실패했거나 무언가를 잃었을 때 그것을 되돌리기 위해 몇 년, 몇십 년 혹은 영원에 가까운 시간이 걸린다고 느낄지도 모릅니다. 하지만 인생을 조금 더 살아 보면 알게 됩니다. 되돌리는 데 몇 년이나 걸릴 정도의 실패를 하는 편이 오히려 드문 일이라는 사실을요.

대개의 경우 몇 개월 정도면 어떻게든 됩니다. 몇 개월 걸릴 것이라고 예상했다면 몇 주가 걸리고, 몇 주 걸릴 것이라고 생각했다면 일주일이 걸리고, 일주일이 걸릴 것이라고 생각했다면 몇 시간 내에 해결됩니다. 그러므로 마음을 편히 먹어 봅시다. 모든 게 끝났다고 망연자실해도 해결되는 것은 없습니다. 더 빨리 해결할 방법을 찾아낸다면 더 빨리 실패에서 벗어날 수 있습니다.

지금의 나를 용서해 주어야
내일의 내가 행복하다

"나는 지금까지 하고 싶은 일이나 하고 싶은 말을 늘 참고 인내했다. 그럼에도 실패만 거듭했다."

혹시 이런 생각에 사로잡혀 있습니까? 참고 또 참으며 열심히 살아왔는데 눈앞에 있는 건 실패뿐이 없다고 생각합니까? 그렇다면 당신에게 나는 이렇게 말해 주고 싶습니다.

나는 그런 당신이 좋습니다. 당신은 충분히 열심히 살았습니다. 그러니 괜찮습니다. 아니, 오히려 좋다고 생각합니다. 그러므로 당신도 '하고 싶은 말을 하지 못하는' 당신을 용서해 주세요. '자꾸만 참고 마는' 당신을 용서해 주세요. 만일 '실패만 하는' 당신이라면 꼭 끌어안아 주고 용서해 주세요.

한순간에 당신을 바꿀 필요는 없습니다. 변하겠다고 생각한 동시에 전혀 다른 인생을 살 수는 없는 법입니다. 하지만 마음이 달라졌으니 모든 것이 변화의 시작점에 있습니다.

지금까지 당신은 지금까지의 방식으로 살아왔습니다. 지금의 방식이 처음의 방식과 같을까요? 당신은 느끼고, 경험하고, 깨달으면서 변화하면서 살아왔습니다. 지금도 조금씩은 변화하면서 살고 있지요. 그것만으로도 당신은 충분히 사랑스러운 존재가 아니겠습니까.

그러므로 현재의, 지금의 당신 자신에 대해 걱정할 필요는 없습니다. 변화하고 성장하는 존재이니까요. 지금의 당신을 사랑해 주어야 내일의 나를 사랑할 수 있습니다.

'내일의 나'가 걱정이라면 지금의 나를 용서하고 진심으로 사랑해 주는 일부터 시작해 봅시다.

만일 자신을 용서하고 자신을 사랑하지 않으면 당신은

자신의 아름다움을 영영 알지 못하게 됩니다. 그뿐만이 아니라 이 세상의 모든 것의 아름다움도 알지 못하게 되어 버립니다.

청명한 하늘, 반짝이는 별을 발견했을 때의 감동, 숨쉬는 것의 경이로움, 바람이 수목과 속삭이는 설렘, 어느 봄날 꽃들의 화려한 외출, 비오는 날의 포근함 등 당신을 둘러싼 모든 사물의 아름다움도 보지 못합니다. 물론 친구와 부모 형제, 그리고 주위 사람들의 아름다움도 알지 못한 채 세월을 보낼지 모릅니다.

왜냐하면 당신 주위의 모든 사람과 사물은 바로 당신을 비추는 거울이기 때문입니다. 당신의 마음이 한없이 어둡다면 아무리 아름답고 기분이 좋아지는 것들을 본다 해도 아무것도 느끼지 못하겠지요. 오히려 그 모든 것과 동떨어져 있다는 고립감을 느낄 수도 있습니다. 하지만 당신의 마음이 햇살처럼 밝다면 무엇을 보더라도 그 순간 자체로 충만해질 것입니다. 그러므로 간절히 바랍니다. 당신 자신을 용서하고 사랑해 주세요.

당신은 자신이 바라는 대단한 존재는 아닐지 모릅니다. 하지만 따뜻한 마음으로 살고 있는 사람일 것입니다. 그런 당신이라면 길바닥에 조그맣게 피어 있는 꽃, 작은 벌에게 꿀을 내어 주는 꽃을 아름답다고 느낄 것입니다.

실패하고 또 실패해도 포기하지 않고 쉬지 않고 노력해 온 당신이라면 잡초(사실 저는 이 세상에 우리가 말하는 의미에서의 잡초는 없다고 생각합니다. 모두 훌륭한 이름이 있는 화초니까요)를 아름답다고 느끼겠지요.

어쩌면 아주 미미한 존재일지 모를, 어쩌면 위축되어 있을지 모를 자신을 용서하고 마음으로부터 사랑해 줍시다.

왜냐하면 당신이 당신 자신을 용서하고 사랑하는 것은 당신 주위에 존재하는 모든 것을, 당신이 만나는 모든 사람을 사랑하고 용서하는 것과 마찬가지이기 때문입니다.

아무리 초라하고, 아무리 움츠러들어 있고, 아무리 하찮게 여겨지는 자신일지라도 좋습니다.

그런 자신을 용서해 주세요. 용서하고 사랑해 줍시다. 이유 따윈 필요 없습니다. '이대로 좋아, 지금의 내가 사랑스러워' 하고 당신의 목소리로 당신 자신에게 일러 줍시다.

바로 그 순간부터 모든 것이 변화하기 시작합니다. 금방은 알아채지 못하겠지만, 자신을 용서하고 사랑한 순간부터 당신 자신도, 주변도 모든 것이 바뀌기 시작할 것입니다.

"나 스스로 싫어하는 점과 고치고 싶은 점이 사라진다면 나를 용서하고 사랑할 수 있다."

보통은 이렇게 생각하고 싫어하는 점과 고치고 싶은 점을 바꾸기 위해 노력을 기울입니다. 하지만 이것은 거꾸로 된 생각입니다. 스스로 싫어하는 점도, 고치고 싶은 점도 그대로 용서하고 사랑할 수 있다고 생각할 때 비로소 나를 둘러싼 모든 것이 바뀌기 시작합니다.

나를
사랑하는 비결

자신을 용서하고 사랑하게 되는 간단한 비결이 있습니다. 그것은 자신의 눈으로 자신을 보는 것입니다. 무슨 말이냐고요? 당신이 자신을 싫어하는 이유는, 당신 자신이 다른 사람의 눈으로 자신을 바라보기 때문입니다. 이를테면 '나는 저 사람에게 어떻게 보일까' 혹은 '저 사람은 나를 어떻게 생각할까'처럼 기준을 나 자신이 아닌 타인의 가치관에 두고 스스로를 보고 있기 때문이라는 것입니다.

나도 모르게 이런 관점으로 자신으로 바라보고 있었다면 지금 당장 고치는 것이 좋습니다. 나 자신의 가치관에 따라 스스로를 바라보세요.

SNS에서 볼 수 있는 타인의 모습과 자신을 비교하는 것도 마찬가지입니다. 그때도 당신은 자신의 모습을 보고 있는 것이 아니라 타인의 모습에 비추어 자신을 평가하고 있는 것이니까요.

사람이란 참으로 이상합니다. 자기 자신의 가치관에서 벗어나 타인의 가치관, 사회적으로 정해 놓은 아름다움이나 매력, 재능이라는 가치관에 얽매여 자신이 본래 지니고 있던 아름다움이나 매력, 재능을 차츰 잃어버리고 맙니다.

극단적으로 말해 볼까요. 주위의 가치관에 얽매여 살면 아무리 아름답고 매력과 재능이 넘쳐 나던 사람도 못난이가 됩니다. 거리를 걸어 보면 내 말이 사실임을 알게 될 것입니다. 마치 SNS나 TV 속에서 막 튀어나온 듯한 모습의 사람들이 거리를 활보하고 있습니다. 그러나 과연 그런 모습이 아름답고 매력적일까요?

그런 사람들은 모두 외부가 정한 가치관에 자신을 맞추려고만 하고 원래 자신이 지니고 있는 아름다움을 표현할 용기가 없는 사람들입니다. 오히려 스타일은 그다지 좋지 않고 얼굴도 평범하게 생겼더라도 자기 자신에게 자신감을 가지고 있는 사람에게선 눈부실 정도의 광채가 뿜어져 나옵니다.

자신에게 자신감을 가지는 것은 바로 지금의 자신을 용서하고 그대로의 자신을 사랑한다면 저절로 가능해집니다.

그러므로 지금의 자신을 그대로 용서하고 그대로 사랑합시다. 나도 매일 그러려고 노력하고 있습니다.

돌이켜보면 지금까지 아무리 자신을 용서하고 사랑해 보려 해도 '이런 내 모습은 정말 싫어' 하고 느끼는 순간이 얼마나 많았습니까. 나 자신을 사랑해 주겠다고 1분 전에 마음을 먹었어도 1분 후에 서투르고 실수투성이인 자신의 모습이 싫어지는 게 우리의 마음입니다. 그럼에도 불구하고 다시 나 자신을 용서하고 사랑해 주겠다고 마음을 먹어 보는 겁니다. 그 마음이 단단해질 때까지요.

나는 항상 나 자신에게 말해 주었습니다. '그래도 괜찮아. 그게 바로 나니까' 하고 말입니다. 그러자 서서히 마음이 밝아지고 모든 사람에게 부드럽고 너그러운 마음으로 대할 수 있었습니다.

"그래도 괜찮아. 그게 바로 나니까."

나는 자신에게 그렇게 말할 수 있는 내가 정말 좋습니다. 여러분도 그렇게 해 봅시다.

나를 해방시켜 줄 사람은
나 자신뿐이다

지금 이 책을 읽고 있는 당신은 몇 살일까요? 문득 궁금합니다.

나이가 몇이든 이런 책을 읽는다면 아마도 고민이나 괴로움을 경험해 보았겠지요. 그렇다면 이렇게 생각해 봅시다.

나는 앞에서 말했습니다. 인내는 필요 없다. 하고 싶은 말이 있으면 하는 것이 좋다. 말해 버려서 실패해도 인생이 끝나는 것은 아니라고 말입니다. 또, 당신에게 인내를 강요하는 사람, 하고 싶은 말을 하지 못하게 하는 사람, 돌이킬 수 없는 실패라는 말로 당신을 협박하는 사람도 신경 쓸 필요가 없다고도 했습니다.

당신에게 불필요한 인내를 강요하고 실패를 두려워하게 만든 사람은 누구인가요? 여러 사람의 얼굴이 떠오를 것입니다. 하지만 누구든 상관없습니다.

어느 시점까지의 당신은 누군가의 말 하나에 하고 싶은 것을 포기하고 속앓이를 했을지 모릅니다. 지금도 당신의 선택에 큰 영향을 주고 있을지도 모르죠. 분명한 것은 이제 당신은 그런 말들에 휘둘리는 나이가 아닙니다. 어느 시점 이후부터는 당신 자신 때문에 고민하고 괴로워하고 있는 것입니다.

물론 여전히 다른 사람으로 인해 고민하고 괴로워하기도 합니다. 하지만 모든 것이 '다른 사람 탓'이라고 했을 때 문제가 해결됩니까? 그렇지 않습니다.

그렇기에 '자신의 탓'이라고 생각하는 게 좋습니다. 자책하라는 말이 아닙니다. 문제를 바라보는 관점을 다른 사람이 아닌 나에게 두자는 것입니다. 나의 탓이라면 나의 마음으로 해결할 수 있는 문제가 됩니다.

무엇보다 다른 사람의 탓이라고 생각해서 그 사람의 포로가 되기보다는, 나의 탓이라고 생각함으로써 내가 원하는 방식으로 해결할 수 있습니다.

당신에게 인내하는 버릇을 심어 준 사람은 부모님이나 선생님과 같은 타인일 테지만 그것으로부터 자신을 해방시켜 줄 수 있는 사람은 다름 아닌 당신입니다. 자신이 하고 싶은 말을 할 수 있도록 해 주는 사람도 다름 아닌 당신 자신입니다.

누가 말해서가 아닌 자신의 의지로 참지 않고 하고 싶은 말을 했을 때 설령 그것이 좋지 않은 결과로 이어진다 해도 다른 사람을 신경 쓸 필요는 없습니다. 실패한 후의 뒤처리는 자신이 하면 그만입니다.

부모님과 선생님은 예전의 당신으로서는 감히 맞설 수 없는 커다란 존재였습니다. 하지만 지금의 당신은 그들과 맞설 수 있는 존재로 성장하였습니다. 당신 위에 군림하던 모든 사람의 미래보다 당신의 미래가 더 오래 계속될 것이라는 점을 기억해 보세요. 당신은 지금부터 점점 성장하고 더

넓은 세상으로 나아갈 것입니다. 더 이상 그들의 말에 따를 필요가 없습니다. 당신의 마음은 이 세상의 무엇과도 맞설 수 있습니다.

이렇게 생각하면 이제 당신에게 무엇을 강요하는 누군가라는 존재는 사라집니다. 남은 일은 당신 자신이 당신을 해방시켜 주는 것뿐입니다. 그 첫걸음은 지금의 당신을 용서하고 지금의 당신을 사랑하는 것입니다.

2장

◇

인생은 유연하게
마음은 단단하게

유연한 태도가
삶을 즐겁게 한다

우리는 부모님과 학교의 선생님, 그 외의 수많은 사람으로부터 가르침을 받으며 성장했습니다. 책이나 잡지, TV, 영화, 음악에서도 많은 것을 배웠습니다.

무엇이든 배운 것이나 얻은 것은 아무리 작은 것일지라도 이 세상에 둘도 없이 귀중한 재산이라고 생각합니다. 나는 그것을 매우 감사히 여기고 있습니다. 앞으로도 감사의 마음을 잊지 않고 살아갈 것입니다.

하지만 나는 이렇게도 생각합니다. 배운 것에 대해서 감사하는 마음을 가져야 하지만 그것이 지나치게 심각해서도 안 된다고 말입니다.

모든 일이 다 그렇지 않습니까? 심각하게 받아들이면 마음이 부담스럽고 불편합니다. 그렇기에 아무리 중요한 일이라도 때로는 자기가 편한 대로 해석해도 상관없다는 마음을 가지는 편이 좋습니다.

내가 마주하는 모든 것이 다 그렇습니다. 사물이든, 사고방식이든, 일이든, 사람과의 교제든 간에 모두 나의 하루하루와 내일을 보다 행복하게 만들기 위해, 나의 마음을 보다 풍요롭게 채우기 위해 있는 것입니다. 그러므로 아무리 중요한 일이라도 그것을 심각하게 받아들여서 마음이 무거워지거나 고민에 빠져서는 안 될 일입니다.

이런 의미에서 삶을 유연하게 살아가려는 태도가 중요하다고 할 수 있습니다. 어제까지만 해도 '이것은 이래야만 해'라고 말하며 절대 꺾지 않으려고 했던 심지가 있었다 해도, 오늘 '어제까지는 그렇게 생각했지만 그게 아닌가봐' 하고 마음을 바꾸어도 괜찮습니다.

혹시 이러한 적당주의가 싫은가요? 변덕스럽다고 여겨

지나요? 그럴 수 있습니다. 하지만 사람이 일생을 통해 관철해야 할 것이 있다고 한다면, '자기 자신 그리고 자신과 관련된 사람들 모두를 소중히 여기는 것'과 '어제보다 오늘 더 행복의 문을 향해 걸어가는 것'이 아닐까 싶습니다. 따라서 어제의 생각과 오늘의 생각이 달라도 용서되는 것이고, 오늘의 생각과 내일의 생각이 달라도 또한 아무 문제가 없습니다.

사람은 한 가지 일이나 생각에 얽매이면 자유롭지 못합니다. 무엇에 집착하거나 무엇에 매달리면 그것만이 살아가는 목적이 돼 버리고 맙니다. 그런 인생을 살고 싶은 사람은 없겠죠. 한평생 계속 전념할 수 있는 일이나 과제, 생을 걸고 손에 넣고 싶은 무언가가 있다면 그것이 우리의 삶에 원동력이 돼 줍니다. '꿈'이라는 말로도 표현하지요.

꿈이란 원대하고도 단번에 이루기 어려운 목표입니다. 꿈을 이루기 위해 치열하게 살아가되, 거기에 사로잡혀서는 안 됩니다. 오로지 꿈으로만 향하는 길을 질주하면서 삶에서 얻을 수 있는 다른 많은 것을 놓쳐서는 안 됩니다. 일상을 즐기는 여유와 유연성을 지니는 것이 좋습니다.

이 여유와 유연성을 약간 과장된 말로 표현하면 '적당주의'가 아닐까 합니다. 그리고 여기서 말하는 '적당주의'란 적당히 대충대충 한다는 의미가 아니라 '딱 좋은' 혹은 '무리하지 않고 열심히 한다'는 의미라는 것을 기억해 주세요.

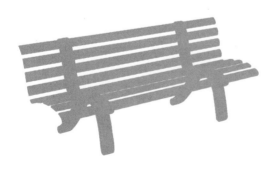

필사적으로
매달리지 않는다

요즘은 다소 그 열기가 식은 듯하지만 '필사적으로 열심히 하는 것을 최고'로 여기는 분위기가 있었습니다. 스포츠와 공부, 일을 함에 있어서 특히 그랬습니다. 인생에서 가장 즐거워야 할 청춘 시절임에도 불구하고 사랑도, 놀이도 즐기지 않고 오직 한 가지 일에만 매달려야 했습니다. 그러한 분위기가 최근 들어 적당주의로 바뀌고 있다는 느낌이 드는 것은 나의 착각일까요? 분명 나의 착각은 아닐 것입니다.

적당주의의 장점은 나 아닌 다른 사람은 할 수 없는 일을 해 나가면서 인생을 즐기는 데 있습니다. 슈바이처 박사는 저명한 의학자인 동시에 헌신적인 봉사활동으로 알려진 위대한 인물이지만 나는 그가 적당주의의 달인이라고 생각합니다. 누구나 존경해 마지않는 업적을 남겼으면서도 한편으로는 뛰어난 오르간 연주자였기 때문입니다. 슈바이처 박사는 한 가지 일에만 필사적으로 매달렸던 사람이 아니라고 할 수 있습니다.

천재나 위인 중에는 이런 타입의 인물들이 많은 것이 사실입니다. 천재나 위인까지 찾아보지 않더라도 사업이나 일에서 성공하거나 모든 사람으로부터 존경받는 사람 중에는 이렇게 여러 분야에 발을 담그고 있는 사람이 적지 않습니다. 그만큼 다재다능하다는 것이기도 하지만 자신의 전문 분야에만 골몰하지 않고 다른 분야도 두루 살펴 보는 여유가 있는 것입니다.

즉, 공부나 스포츠 혹은 일을 할 때 고도의 집중력을 가지고 계속 전념하기 위해서는 가볍게 기분 전환할 수 있는 나만의 방법을 갖추는 편이 좋습니다. 한 가지 일에 열심히 전념하면서도 즐길 수 있는 무엇을 가지고 있어야 합니다.

예술이든 스포츠든 무엇이든 좋습니다. 유치한 놀이든 특이한 취미든 무엇이든 상관없습니다. 자신의 생활 속에서 다양함을 연출할 수 있을 때 풍요로운 삶을 살며, 일을 할 때도 맘껏 능력을 펼칠 수 있습니다. 무슨 일이든 필사적으로 매달려야 한다는 각오는 하지 맙시다.

"오늘 할 수 있는 일을, 오늘 할 수 있는 범위에서, 가능한 오늘 내에 해둔다."

그 뒤에는 즐거움을 위해 사는 것입니다.

"이것만은 오늘 중으로 끝내야 한다. 그러니 다른 일은 손도 대지 말자."

이렇게 심각하게 생각해서는 안 됩니다.

'오늘은 여기까지 해냈구나! 이것만으로도 훌륭해' 하는 정도로 받아들여서 자신을 평가하세요. 그다음은 기분을 바꿔 즐거운 일을 하면 됩니다. 이것이 제가 생각하는 적당주의입니다.

산에 오르는 것만이
목적인 사람

잠시 나의 과거를 돌이켜 생각해 봅니다. 내가 정말 적당주의자인가 하고 말입니다. 확실히 지금의 나는 적당주의자가 맞지만 과거의 나는 필사적으로 일에 매달리는 타입이었습니다. 나는 열심주의로 나 자신을 항상 다그쳤고, 내가 정해 놓은 과제와 할당량의 일을 달성하지 못하면 심하게 자책했습니다. 늘 초조하고 날카로웠습니다.

등산에 비유하자면 예전의 나는, 무조건 일정에 따라 행동하여 목적지인 정상에 도달해야만 직성이 풀렸습니다. 계속해서 산을 오르되 예정대로 산을 오르는 것 외에는 그 어떤 생각도 머릿속에 들어오지 않았습니다.

얼마나 필사적으로 올랐을까요. 정상에 오르기 위해 열심히 발만 움직였을 뿐 도처의 아름다운 경치는 볼 여유도 없습니다. 꽃이 피어 있는 것도, 풀벌레가 윙윙거리며 날아다니는 것도, 바람이 뺨을 부드럽게 어루만지는 것도 알지 못합니다. 설사 안다 해도 관심을 주지 않습니다. 왜냐하면 오로지 정상에 오른다는 일념으로 산을 오르기 때문입니다.

필사적으로 산을 오르면서도 순간순간 시간을 체크하며 불안해합니다.

"몇 시 몇 분까지 정상에 도착하지 못하면 산을 내려오는 것이 늦어져서 차를 놓칠지도 모른다. 그 차에 타지 못하면 집에 돌아가는 것이 늦어지므로 내일 업무에 영향을 미치고 만다. 그래서는 큰일이다. 그렇다면 정상에서 도시락을 먹는 시간을 줄여야겠다. 빨리 서두르자."

모처럼 찾은 산인데 설마 이렇게까지 비장한 각오로 산을 오르는 사람이 어디 있나 싶겠지만 실제로는 이런 사람들이 꽤 많습니다. 요즘의 나는 어떻게 등산을 하는지 소개하겠습니다.

'어머, 내일은 일정이 비어 있네. 만세! 요즘 날씨도 좋은데 등산이나 갈까. 안내책자가 어디 있었더라. 당일치기로 갔다 오려면 이 산이 좋겠구나. 그래, 여기로 정하자. 도시락은 어떻게 하지? 냉장고에서 남은 반찬을 끌어모아서 대충 만들어 먹자. 도시락까지 해결되면 내일을 위해 오늘은 이만 자자.'

다음 날 아침 자명종 시계가 울리기도 전에 먼저 눈을 뜨고 냉장고에서 도시락을 챙기고 출발합니다. 버스를 갈아타다가 잘못 타서 쓸데없이 시간이 길어지기도 합니다. 그런 시간에는 책을 읽으며 시간을 보내거나 책을 읽지 않으면 주변을 둘러보는 것만으로도 지루하지 않게 시간을 보낼 수 있습니다.

드디어 목적했던 산에 도착했습니다. 시계를 보니 정상까지 올라갔다 내려오기에 충분한 시간입니다. 자, 그럼 출발하는 겁니다. 태평해 보인다고요? 그렇게 하기에 여유가 있는 것이죠. 편안한 마음으로 한 발 한 발 내디딜 때마다 발바닥에 느껴지는 감촉이 즐겁습니다. 걸음을 옮길 때마다 아주 조금씩 변화해 가는 경치가 아름답습니다. 윙윙거리는 풀벌레의 날갯소리가 귀찮지만 웃음이 납니다. 꽃이 피어 있으며 코를 들이대고 향기를 맡아 봅니다. 바람이 뺨을 비비면 기분 좋은 심호흡을 합니다. 앞서가는 사람들이나 스쳐 지나가는 사람들 모두에게 웃는 얼굴로 인사를 건넵니다.

등산의 묘미는 이러한 시간을 보낼 수 있다는 데 있는 것 아니겠습니까. 산을 오르다 보면 소란스러웠던 머릿속이 깨끗하게 비워진 느낌이 듭니다. 바로 그때, 몸도 머리도 상쾌한 상태가 됩니다. 상쾌함을 느끼면서 처음으로 깨닫습니다. '내게도 스트레스가 쌓여 있었구나' 하고 말입니다.

이렇게 무계획적으로 닥치는 대로 하는 등산인데도 어느새 정상에 도달하는 것이 신기합니다. 정상에서 내려다보는 경치가 멋지면 더할 나위 없이 좋지만 만일 구름이 잔뜩 끼어 아무것도 보이지 않더라도 일상적인 풍경에서 벗어난 듯한 기분에 젖어 보는 것도 좋습니다. 그리고 정상에서 먹는 도시락의 맛은 뭐라 표현할 말이 없을 정도로 맛있습니다. 미지근해진 보온병의 물도 맛있습니다. 실로 이보다 좋을

수 없는 행복의 절정을 맛보는 것입니다.

오르는 동안의 피로와 고통은 없었냐고요? 때론 다리가 무거워지면서 쉬고 싶은 마음이 들기도 했지만 즐거움이 더 컸습니다. 몸이 피로한 것에만 집중하면 즐거움을 느낄 수 없지만 즐거움에 몸과 마음을 맡기면 고통의 포로가 되지 않습니다.

어떤 때는 정상에 있는 것이 너무 행복한 나머지, 집으로 돌아갈 생각은 않고 태평하게 있다가 날이 어둑어둑해져서야 하산하기 시작했습니다. 서둘러 발걸음을 옮기는데 그 경치가 또 기막히게 아름답지 않겠습니까. 앞에도 뒤에도 사람의 모습은 보이지 않고 나 혼자만이 산에 안겨 있는 듯한 감동에 휩싸여 자꾸만 걸음을 멈추다 보니 더욱 늦어지고 말았습니다.

주위는 점점 어두워지고 있었습니다. 아직 내려갈 길은 먼데 설상가상으로 나는 손전등도 가져오지 않았습니다. 조금 무섭다는 생각이 들 무렵 마을로 통하는 길이 보였습니다. 그렇게 나는 무사히 마을까지 내려올 수 있었습니다. 분명 위험한 상황이었지요. 하지만 지금의 나였어도 똑같이 행동했을 것 같습니다. 무엇과도 바꿀 수 없는 즐거움을 만 끽했거든요.

높은 산을 오르려면 각오와 경험, 장비가 필요하다고요? 아닙니다. 그런 것들은 필요에 따라 자연스럽게 생기는 것 입니다. 역설적으로 말하면 인생이란 이런 의미에서 만만치 않을지도 모릅니다. 그때그때마다 필요한 것이 다르거든요. 그러나 쓸데없는 걱정은 하지 마세요. 지금의 당신이 올라 가야 할 산은 당신이 오를 수 있는 만큼의 산이라는 사실은 틀림없습니다.

등산은 몸만 피곤할 뿐 아무런 재미가 없다는 사람도 있 습니다. 당신도 그런 부류의 사람일지 모릅니다. 하지만 그 것도 나쁘지 않습니다. 아무것도 하고 싶지 않고 그저 집안 에서 뒹굴거리는 시간도 중요합니다. 자신이 즐겁다면 달리 고 있든 쉬고 있든 모두 멋진 일입니다.

목적지로 가는 그 길에
가치가 있다

그런데 '적당주의 등산'과는 달리 '올바른 등산'이라는 것이 실제로 존재할까요? 앞서 비유한 것처럼 인생이 등산과 비슷하다면, '올바른 인생'은 어떤가요? 과연 올바르고 효율적인 인생이라는 게 있을까요?

있을 것 같다고 생각하는 사람이 많을지도 모릅니다. 예를 들어, '등산은 정상을 정복하는 데 가치가 있다'고 생각한다면 '바르고 효율적인 등산'도 있을 법합니다. 마찬가지로 '인생의 목적은 성공하는 데 있으며 재산과 지위와 명예를 얻는 것이다'라고 생각한다면 '바르고 효율적인 인생'도 있을 것입니다.

하지만 '등산의 가치는 발을 내딛는 과정에 있다. 인생의 가치는 하루하루를 열심히 살아가는 데 있다'고 한다면 바르고 효율적이라는 말은 아무 의미가 없어집니다. 왜냐하면 발을 내딛는 것과 하루하루를 살아가는 데 가치가 있다고 생각하면 길에서 헤맨다 해도, 자리에 멈춰 선다 해도, 되돌아간다 해도, 게으름을 피운다 해도 문제될 것이 없기 때문입니다.

나는 오토바이 타는 것을 너무나도 좋아하는데 오토바이 여행도 이와 마찬가지입니다. 오토바이로 여행을 하고자 할 때는 먼저 목적지를 결정합니다. 내 마음속에는 보고 싶은 곳과 먹고 싶은 음식이 늘 가득하므로 어느 방향으로 달리든 목적지는 간단하게 결정할 수 있습니다.

그러나 목적지는 그저 오토바이를 달리게 하기 위한 동기에 불과합니다. 나는 목적지에 도달하기 위해 부지런히 달리는 것이 '올바른 오토바이 여행'이 아니라 목적지가 변경되더라도 혹은 목적지에 도달하지 못하더라도 오토바이를 타고 달리는 그 자체에 가장 큰 의미가 있다고 생각합니다.

드라이브를 좋아하는 사람도 그렇습니다. 별 목적 없이 차를 몰며 달리고 있는 그 순간의 기분을 즐기는 것입니다.

가끔 나는 해도 뜨지 않은 새벽부터 오토바이를 타고 달릴 때가 있습니다. 집을 나와 곧장 고속도로를 탑니다. 아직은 어두운 도로 위를 오로지 헤드라이트에 의지하여 달리는 기분은 아주 신비롭습니다. 혼자 달리는 고독을 느끼며, 거리의 여기저기에서 하루를 시작하는 모습을 지켜보며, 또 스쳐 지나가는 차 안에 있는 사람들의 모습을 보면서 말로는 뭐라 표현할 수 없는 친근감을 느낍니다. '우리 모두 이렇게 살아 있네요' 하는 그런 친근감 말이죠.

사방이 밝아 오면서 하늘의 색도 변화합니다. 황토색, 푸른색, 붉은색, 보라색의 신비로운 색들에 이어 드디어 황금색으로 빛나는가 싶으면 일출이 시작됩니다. 일출의 순간에는 언제나 얼결에 감탄사가 나올 만큼 커다란 감동을 받습니다.

일단 해님이 얼굴을 보이면 그다음 순간부터 세상은 빠르게 변화합니다. 하늘도 파랗게 물들어 조금 전까지만 해도 거무스름하게 떠 있던 구름이 하얗게 반짝입니다. 거리에 늘어선 건물들은 한쪽 면만 빛을 받아 빛과 그림자의 오묘한 대치를 보여 줍니다.

"아침이 밝았구나!"

나는 수차례 감동을 받은 뒤에야 깨닫습니다. 도로를 오가는 차들이 어느새 헤드라이트를 끄고 있었습니다. 어둑어둑하던 세상을 비추던 자동차의 미등도 꺼지고 지상의 세계는 완전히 일상의 색채를 되찾고 있었습니다. 목적지에 도달하든 도달하지 않든 오토바이 여행은 달리는 순간부터 감동과 자극이 넘쳐흐릅니다.

모든 일이 다 그렇습니다. 집을 나와 일터로 향하는 순간에도, 늘 걷는 길을 걸을 때도 얼마든지 감동과 자극을 느낄 수 있습니다.

어떤 사람은 비 오는 날의 아침을 성가시게 여기겠지만 가만히 마음의 눈을 열기만 하면 어떤 상황에서도 어떤 시간에서도 멋진 감동을 찾을 수 있습니다.

당신은 누군가에게 이런 말을 들은 적이 있습니까?

"목적을 가져라. 목적이 없는 인간은 아무 쓸모가 없다. 목적을 위해 열심히 일하는 것이 올바른 인생이다."

정말 그럴까요? 목적은 단지 즐거운 인생을 보내기 위한 동기에 불과한 것이 아닐까요? 그러므로 목적은 그 자체로서 소중하지만 너무 목적에 얽매이지 않는 것도 중요하다고 생각합니다.

내가 아닌
상대에게 '바른 친절'

'바르다'라는 말은 도대체 어떤 의미일까요. 잘 생각해 보면 이것만큼 애매모호한 말도 없는 것 같습니다. 남에게 친절하게 대하는 것은 올바른 행위라고 생각합니다. 하지만 진심으로 남을 위하는, 나아가서는 자신을 위하는 바른 친절은 어떤 친절일까요?

무슨 일이든 도와주는 것일까요? 아니면 모든 것을 양보하는 것일까요? 언제나 마음을 써 주는 것일까요? 도대체 어떤 것일까요? 그리고 보면 바른 친절과 바르지 못한 친절을

판단하는 것은 정말 불가능한 것 같습니다. 매번 사정이 다르기 때문입니다. 도와주거나 양보하는 일이 실제로는 전혀 친절이 아닌 경우도 있습니다. 상대에 대한 배려가 오히려 상대에게 폐를 끼치는 경우도 있습니다.

중요한 것은 바른가, 바르지 못한가가 아니라 상대를 자세히 볼 것 그리고 상대를 통해 자신도 볼 것입니다. 그렇게 함으로써 상대와 자신과의 관계를 비뚤어지지 않은 마음으로 볼 수 있을 때 서로에게 바른 친절을 행할 수 있는 것입니다.

몇 년 전, 어느 지하철역에서 지팡이로 길을 더듬으며 걸어가는 사람을 보았습니다. 그 사람도 나도 역으로 들어가는 계단을 내려가고 있었습니다.

나는 지팡이로 발밑을 확인하며 내려가고 있는 그의 모습을 뒤에서 보면서 도와주어야겠다고 마음먹었습니다. 그래서 옆으로 다가가서는 그 사람의 왼팔에 손을 올리며 '제가 좀 도와드릴까요?' 하고 물었습니다.

순간 그 사람의 몸이 확 굳어지면서 그것이 내게도 전해

졌고, 그때 나는 내가 실수를 저질렀음을 알았습니다. 생각해 보세요. 갑자기 누군가가 뒤에서 당신의 팔을 잡으면 어떤 느낌이 들겠습니까? 깜짝 놀라는 것이 당연하겠지요.

그렇습니다. 나는 그 사람을 도와주기 전에 먼저 말을 걸어야 했습니다. '제가 좀 도와드릴까요?' 하고 먼저 물어본 다음에 상대가 나의 도움을 필요로 하면 그 사람의 팔을 잡았어야 했습니다.

어려움에 처한 사람을 도와주는 것은 명백히 친절한 행위입니다. 바른 친절입니다. 하지만 상대의 의사를 확인해 보지도 않고 일방적으로 이쪽의 행동을 감행하는 것은 전혀 바른 친절이 아닙니다. 이는 상대를 제대로 보지도 않은 것이며 상대를 통해 보이는 나의 모습도 제대로 보지 못한 것이기 때문입니다.

다행스럽게도 그 사람은 깜짝 놀란 뒤에 금세 미소를 지으며 자신의 팔을 내게 맡겨 주었습니다. 만일 그때 상대가 나의 친절을 거절했더라면 나는 얼마나 많은 후회와 반성을 해야 했을까요. 바른 친절처럼 보여도 상황에 따라서는 이 같은 경우도 일어날 수 있음을 잊어서는 안 되겠습니다.

이것은 단지 친절에 국한된 이야기가 아닙니다. 즉, 무슨 일이든 옳고 그름에 구애받기보다는 그때그때의 관계나 상황을 주의 깊게 바라볼 줄 아는 눈이 필요합니다.

상처받기 쉬운 마음은
상처 주기 쉬운 마음

누구와도 다투지 않고, 싫은 소리 한 번 듣지 않으며, 항상 평온하게 지내고 있는 사람이 이 세상에 있을까요? 있을 리가 없지요. 열심히 살아보려고 하면 할수록 세상 풍파에 휩쓸리게 마련입니다.

사람이 자립해 가는 과정에는 상처받은 것에 대해 매우 민감하게 반응하는 시기가 있습니다. 주위의 아주 사소한 말이나 태도에도 상처를 받고 마음을 다쳐 자신감을 잃어버리는 시기 말이죠.

"당신이 그런 말을 해서 내가 얼마나 큰 상처를 입었는지 몰라요."

"그런 말을 하면 상대에게 상처를 주고 말아."

상처받기 쉬운 만큼 자신을 방어하기 위해 온 몸에 가시를 세우는 바람에 오히려 상처를 주기도 쉽습니다. 나는 이처럼 상처를 받는 것과 상처를 주는 것에 민감하게 반응하는 시기에도 나름의 의미가 있다고 생각합니다. 상처받기 쉬운 마음이기에 느끼고 배울 것이 많기 때문입니다.

그런데 상처를 입는다거나 상처받는다는 것은 과연 무엇일까요? 대부분 말로 상처를 주고받는 일이 많은데, 말 한마디로 누군가가 상처를 받고 그로 인해 극단적 선택을 하는 경우가 있습니다. 특히 학교나 직장처럼 작고 폐쇄된 사회 안에서 다수의 사람으로부터 따돌림을 당하다가 안타까운 선택을 하는 이들이 있습니다.

신문이나 뉴스를 통해 그런 보도를 접할 때마다 다른 사람에게 상처를 주는 것에 대해 둔감해서는 안 되겠다고 되새깁니다. 과민할 필요는 없지만 자신의 말이나 행동이 다른 사람에게 괴로움을 줄 수도 있다는 점은 항상 유념해야

합니다.

　마음을 가라앉히고 생각해 보세요. 누군가에게 상처를 주는 것과 자신이 상처를 받는 것은 사실 똑같은 심리 상태에서 비롯되는 것입니다. 간단히 말하면 상처받기 쉬운 마음은 누군가에게 상처를 주기 쉬운 마음이기도 합니다. 상처 입기 싫다는 마음이 간절할수록 자신을 과잉보호하기 때문입니다. 내가 상처받지 않기 위해 도리어 자기도 모르게 상대를 공격해 버립니다.

　애완동물을 키워 본 사람이라면 쉽게 이해할 수 있을 것입니다. 개와 고양이도 그렇습니다. 겁이 많은 동물일수록 조그만 일에도 공격적으로 변합니다. 자신이 상처받을까봐 두려워 늘 겁에 질려 있기 때문에 이빨을 드러내거나 발톱을 세우는 것이지요.

　자신이 상처 입는 것을 두려워하는 사람들이 모인 집단은 자기들보다 약한 누군가를 집중해서 공격하기 쉽습니다. 약해 보이는 한 사람에게 상처를 입힘으로써 자기방어를 하는 셈입니다. 자기에게 화가 미치지 않도록 먼저 약해 보이는 사람을 공격하는 것입니다.

그렇다면 어떻게 해야 이런 경우를 방지할 수 있을까요? 나는 상처 입는 것을 두려워하지 않고 마주하는 것이 그 방법이라고 굳게 믿고 있습니다.

누군가가 내게 뭐라고 싫은 소리를 했을 때, 누군가가 무엇을 지적했을 때 변명이나 반론을 하기 전에 상대의 말과 지적을 일단 수긍해 봅시다. 어쩌면 아주 가슴 아픈 말일 수도 있습니다. 하지만 변명이나 반론을 하지 않고 수긍해 보면 알게 됩니다. 아픔은 한순간이라는 것을요.

다만 그것이 불합리하고 부당한 지적이라면, 마음에 담아 둘 필요 없습니다. '어차피 너는 그 정도밖에 안 되는 사람이야' 혹은 '네가 어떻게 그런 일을 할 수 있겠어'라는 말로 상대를 경멸하고 멸시하는 것으로 자신의 기분을 유지하고 지키려는 사람도 많습니다.

그럴 때도 일단 그 말에 수긍합시다. 수긍한 뒤에 조금이라도 납득 가는 부분이 있다면 그대로 받아들이고 그렇지 않다면 반론을 합시다. 반드시 반론을 해서 마음속에 응어리가 생기지 않도록 합시다. 콤플렉스나 좌절감의 원인이 되지 않도록 합시다.

그러나 일단 수긍한 뒤의 반론과 그 자리에서 되받아치는 반론은 똑같은 반론일지라도 서로의 마음에 남는 것이 전혀 다릅니다.

당신은 아무리 심한 말을 들어도, 아무리 기분 나쁜 지적을 받아도 그것을 수긍한 순간에는 '상대보다 마음이 넓은 존재'가 되는 것입니다. 그리고 마음이 넓은 존재가 되고 나서 하는 반론은 대단한 위력을 발휘합니다. 그것은 이미 상처 입는 것을 두려워하는 감정적인 반론이 아니니까요.

3장

◇

당신 그대로의 모습으로
사는 것

누군가를
미워하는 마음에게

노력이 인생에서 가장 중요한 것이라고 배운 사람들이 꽤 많을 것입니다. '이 세상에서는 옳은 것과 나쁜 것을 확실히 구별해야 한다'고 배운 사람도 많을지 모릅니다. 그리고 '거짓말은 절대 안 된다'고 배웠을 것입니다. 확실히 거짓말은 하지 않는 게 좋습니다. 거짓말로 인해 자신의 마음이 상처를 입기 때문입니다. 물론 타인에게 나쁜 영향을 끼치는 경우가 압도적으로 많습니다만 무엇보다 자신의 마음을 비뚤어지게 할 수 있으므로 거짓말은 하지 말아야 합니다.

무심코 거짓말을 해 버렸을 때는 자신의 '무심코 거짓말을 해 버리는 마음'을 인정하고 용서해 보세요. 용서하면 보이기 시작합니다. 어디에 원인이 있어서 거짓말을 하게 되었는지를 알게 됩니다. 그런데 이상하게도 거짓말을 하는 자신을 나무라거나 혐오하게 되면 거짓말을 한 원인이나 마음이 좀처럼 보이지 않습니다.

'또 거짓말을 해 버렸구나. 하지만 어쩔 수 없어. 지금의 내게 꼭 필요한 거짓말이었을지도 몰라' 하고 자신을 용서해 주면 거짓말을 한 원인과 마주하고, 다시 마음을 올바른 길로 이끌 수 있습니다.

사람은 실로 신기합니다. 스스로를 용서해야만 자신을 포함한 모든 이에게 부드러워집니다. 그러면 더 이상 자신에게 거짓말을 할 필요도 없어집니다. 다른 사람들에게도 거짓말을 하지 않게 됩니다. 어느새 거짓말을 하지 않고 지내는 자신을 발견할 수 있을 겁니다.

여러분 중에는 아주 작은 거짓말도 용서받지 못하고 엄하게 꾸지람을 들어 상처를 입은 기억이 있는 사람도 있을 것입니다. 어쩌면 그때의 상처가 아직도 욱신거리고 있을지 모릅니다.

'열심히 해라, 노력해라'와 같은 말로 인해 오히려 의욕을 상실한 경험도 있을 것입니다. 바르게 살아야 한다. 잘못을 저질러서는 안 된다고 교육을 받은 탓에 '바르지 못한 자신, 잘못을 저지르고 싶을 때도 있는 자신'이라는 현실을 받아들이지 못하고 자기혐오에 빠진 사람도 있을지 모릅니다.

부모와의 마찰이나 타인과의 불화는 대개 그런 것에서부터 시작됩니다. 그러므로 '지금 즐겁고 밝게 살지 못하는 사람'은 부모와 교사, 상사 등을 원망하거나 미워하기도 합니다. 나는 그러한 원망이나 미움이 정당하다고 생각합니다. 상대를 원망한다면 원망하세요. 그리고 그 원인을 찾는 것이 좋습니다.

미워한다면 미움의 감정을 상대에게 표현하는 것이 좋습니다. 그렇게 하지 않으면 원망이나 미움의 칼날이 결국 자기 자신을 향하고 맙니다. 자신을 미워하고 원망하는 데 모든 에너지를 소모해 버리고, 자신이 너무 미운 나머지 자신을 망치는 일을 저지르기도 합니다.

누구든 원망하고 싶은 사람, 미워하고 싶은 사람이 분명히 있을 것입니다. 누군가를 원망하거나 미워하는 일은 그대로 자신의 마음을 괴롭히는 일이기도 합니다. 그래도 나는 괴로움의 씨앗을 뿌린 그 사람을 미워해도 된다고 생각합니다. 하지만 그렇게밖에 할 수 없는 자신을 용서해 주어야 합니다. 그러한 마음을 치유하기 위해서는 원망과 미움의 시기를 통과하는 수밖에 없습니다.

원망과 미움이
무기가 될 때

아프다고, 슬프다고, 괴롭다고 아무리 울부짖어도 당신의 그런 마음을 누구도 알아주지 못한다면, 당신은 큰 상처를 받을 것입니다. 지칠 대로 지쳐 도저히 힘을 낼 수 없는 당신에게 '그럼에도 불구하고'라는 말로 노력을 강요한다면 당신은 분명 마음에 상처를 입고 무력감에 빠질 것입니다. 이런 상처들이 원망과 미움의 씨앗이 됩니다.

사람의 마음이라는 것은 '그 사람의 지금 상태' 그대로를 용서하거나 받아들여 주지 않을 때 깊이 상처 입습니다. 노력할 것을 강요받아 그에 부응하기 위해 발돋움하려고 하면 할수록 무력감과 자기혐오가 커집니다.

사람들은 타인을 잘 보지 못합니다. 일부러 보지 않으려고 하는지도 모릅니다. 마음이 아프다, 슬프다, 괴롭다고 호소하면 그저 마음먹기 나름이라며 상대해 주지 않기도 합니다.

하지만 사람은 몸과 마음 양쪽이 건강해야 잘 움직일 수 있습니다. 몸이 아파서 병원에 가는 것은 당연시하지만 마음이 아파서 병원에 간다고 하면 아직도 이상한 사람을 보듯 하지요. 그래서 마음속에 자리한 원망과 미움이라는 감정이 쉽사리 해소되지 못하는 것일 수 있습니다. 그래서 매일 홀로 긴긴 싸움을 벌여야 하기도 하지요. 그렇게 마음속의 아픔을 극복하는 것이 또 우리의 과제입니다.

그런데 이 과정에서 혹시 원망과 미움을 무기로 삼고 있지는 않습니까? 내 상처에만 골몰해서 다른 사람의 상처는 안중에도 없는 것처럼 행동하지는 않습니까? 상처를 받기만 하는 사람은 없습니다. 누구나 상처를 받는 만큼 상처를 주

기도 합니다. 당신도 당신에게 상처를 준 다른 사람들과 마찬가지로 누군가에게 상처를 줄 수 있습니다.

자존감이 낮거나 행복해 보이는 누군가를 부러워하면 더더욱 그렇습니다. 당신은 자신을 지키고 당신의 자존심을 지키려 할 때 누군가의 마음에 상처를 입힐지도 모르는 존재라는 점, 적어도 그런 가능성이 있는 사람 중의 하나라는 점을 염두에 둡시다. 각자 차이는 있어도 내가 아프고, 슬프고, 괴로운 만큼 다른 사람에게도 상처가 있습니다. 자신의 원망과 미움을 무기로 삼아 서로에게 상처를 주지 않도록 해야 합니다.

다정함의
기초

누군가에게 상처를 줄지 모른다는 사실을 알고 있는 것은 '다정함'의 기초가 됩니다. 자신이 누군가에게 상처를 입힐 수 있는 사람이라는 것을 알고 있을 때 비로소 '다정함'이라는 풍요로운 나무를 키울 수 있습니다.

'내게 다정하게 대해 주었으면, 몸도 마음도 감싸안아 위로해 주었으면' 하고 바라는 당신이 있다고 가정합시다. 그런 절실한 마음을 가지고 있는 당신에게 누군가가 원하는 대로 대해 주지 않으면 당신은 마음에 상처를 받겠지요. 원망도 하고 미움도 느낄 테지요.

지금까지의 당신의 인생을 되돌아보면 당신의 부모님이 그랬을지 모릅니다. 친구도, 형제도, 애인도 다정하게 대해 주길 바라는 당신'에게 다정하게 대해 주지 않았을 때가 많았을지도 모릅니다. 그럴 때마다 당신은 마음에 상처를 입고 원망과 미움으로 고통스러워했을 것입니다.

그럼 반대로 물어보겠습니다. 당신은 어떻습니까? 당신이 다정하게 대해 주길 바라던 누군가에게 한 번도 빠짐없이 다정하게 대해 주었습니까?

그때는 다정하게 대해 주지 못한 이유가 있었다 혹은 몸이 피곤해서 그랬다, 일이 바빠서 정신적 여유가 없었다는 변명은 하지 말고 잘 생각해 보세요.

당신에게 다정하게 대해 주지 못한 누군가도 제각각의 이유가 있었음에 틀림없습니다. 당신도 다정하게 해 주었어야 하는데 그렇게 하지 못했던 때가 수없이 많지 않습니까?

만일 그와 같은 경우를 하나라도 떠올리며 잘못을 인정한다면, 아니 조금이라도 마음이 아프다면 당신은 정말 따뜻한 사람입니다. 앞으로는 누구에게나 언제라도 다정하게 대할 수 있을 것이며 모든 사람으로부터 사랑받을 가치가 있는 사람입니다.

만일 그렇지 않고 해도 아무도 당신을 나무라지 않고 나무랄 수도 없습니다. 그러므로 자기혐오에 빠지거나 심각하게 반성할 필요는 없습니다. 앞으로의 일만 생각하면 됩니다. '앞으로는 좀 더 다정함을 소중히 하자'고 생각하면 그것으로 충분합니다.

항상 중요한 것은 지금과 미래입니다. 과거에 실패가 있었다 해도 자신을 나무라거나 걱정하는 것은 아무런 의미가 없습니다. 따라서 과거의 자신은 마음속으로 용서합시다. 과거의 자신을 용서하지 않으면 지금의 자신이 제대로 살아갈 수 없습니다. 비뚤어진 마음상태로는 자신에게 다정할 수 없으며 나아가 다른 사람들에게도 다정할 수 없습니다.

당신도 누군가에게 상처를 입히는 사람이며 그런 당신을 용서합시다. 그러면 지금까지 당신에게 상처를 준 사람도 용서할 수 있게 됩니다. 왜냐하면 당신에게 상처를 준 사람도 당신과 마찬가지로 상처 입기 쉬운 사람이므로 상처 주고 싶어서 그런 것은 아니기 때문입니다.

무슨 일이든 당신이 그렇게밖에 할 수 없었던 이유가 있었듯이 다른 사람도 반드시 이유가 있습니다. 이것만 알면 자신도 다른 사람도 용서하고 모든 것을 흘려 버릴 수 있습니다. 그러면서 원망과 미움도 거짓말처럼 사라지고 마음이 자유로워집니다.

누군가를 용서하고 마음속 원망과 미움이 사라지는 일은 사실 자신의 마음을 용서하는 것입니다. 당신도 한번 실행해 보세요. 사람의 마음에 서려 있는 신비함을 체험할 수 있을 것입니다.

마음의 문을 여는
손잡이

철학자 헤겔은 '마음의 문을 여는 손잡이는 마음의 안쪽에만 달려 있다'고 말했습니다. 당신의 마음을 닫는 것도 여는 것도 모두 당신의 자유입니다. 다른 사람이 강제로 열거나 닫을 수 없습니다. 만일 당신이 과거의 상처와 원망, 미움으로 인해 마음의 문을 닫아 버렸다면, 다시 열 수 있는 사람도 바로 당신뿐입니다.

　누군가를 용서하는 것은 마음의 문에 채워 놓은 자물쇠를 열고 손잡이를 돌리는 것입니다. 그때 자물쇠를 여는 것은 지금까지 용서하지 못했던 자신의 마음, 두려움으로 아무 것도 할 수 없었던 자신의 마음을 용서하는 것입니다. 자신을 용서하면 신기하게도 저절로 마음의 문의 손잡이를 돌리고 싶어집니다.

헤겔은 '사랑에 의한 운명과의 화해'라고도 표현했습니다. 사랑이란 바꿔 말하면 용서와 관용을 가리킵니다. 원망과 미움을 승화시키는 능력입니다. 있는 그대로의 자신과 주위 사람들의 있는 그대로의 모습을 온전히 받아들이는 것입니다. 길가에 피어 있는 꽃을 보듯 바라봐 주는 것입니다.

사랑이란 대단합니다. 사랑으로 용서하면 원망도, 미움도 거짓말처럼 사라집니다. 지금까지 무엇을 왜 원망하고 미워했는지, 마음이 어떻게 아팠는지조차 잊어버립니다. 그렇게 되면 지금까지의 과거, 지금까지의 인생 전부를 받아들일 수 있게 됩니다.

과거의 모든 것을 받아들인다는 것은 지금과 미래의 모든 것을 받아들인다는 의미입니다.

"이것도 싫고 저것도 싫어."

"어떻게 될지 모르니까 불안해."

아무것도 받아들이지 못했던 작은 마음이 점점 열리게 되는 것입니다. 이것도 싫고 저것도 싫다는 언제나 부정적인 마음과 어떻게 될지 모르니까 불안해하는 위축된 마음은 짓궂게도 나쁜 일만 불러들이고 불안을 현실로 만듭니다.

하지만 마음이 열리고 커진다면 나쁜 일을 초래하지 않습니다. 쓸데없는 불안도 느끼지 않으므로 불안이 현실화되는 일도 없습니다. 이유는 간단합니다. 사랑으로 과거의 모든 것을 받아들인 마음은 주위 사람들의 마음도 모두 받아들이기 때문입니다.

당신이 누군가와 함께 있는 장면을 상상해 보세요.

상대가 당신을 받아들이면 당신은 상대에게 호의를 가집니다. 상대를 위해 뭔가 좋은 일을 해 주고 싶다고 생각할 것입니다. 그러므로 사람을 까다롭게 가리지 않고 많이 받아들이면 인생의 멋진 만남이나 기회도 몇 배로 늘어납니다. 또한 사랑으로 과거를 받아들이면 미래에 멋진 가능성이 펼쳐집니다.

용서하면
사랑이 보인다

어릴 때부터 혹독한 피아노 레슨을 받으면서 자라 음대의 피아노과를 졸업한 한 여성이 있습니다. 하지만 그 뒤에 그녀는 더는 피아노를 치지 않게 되었습니다. 문득 한번씩 가슴속에서 고개를 들었던 물음이 그녀를 잠식해 버렸기 때문입니다. '이렇게까지 혹독하게 연습해야 하는 이유가 뭐지? 내가 정말 피아노를 좋아하긴 하는 건가?' 시간이 지나도 그녀는 그 물음에 답할 수가 없었고 결국 모든 동기를 잃어버린 채 더 이상 피아노를 칠 수 없게 돼 버린 것입니다.

현재 그녀는 중년의 부인이 되었습니다. 그때까지 피아노에 손끝 하나 대지 않았으며 직장동료들이 술을 마신 뒤에 으레 가곤 하는 노래방에도 가지 않았습니다. 피아니스트로서의 좌절이 상기되었기 때문입니다.

나는 그런 그녀가 안타까웠습니다. 20년 이상 힘들게 쌓아 온 피아니스트로서의 기술과 감성을 묻어 버리는 것만이 아까워서가 아닙니다. 그녀 인생의 전부였던 피아노와 음악을 거부하는 것은 과거의 인생을 전부 부정하는 것과 마찬가지 아니었을까요?

그녀는 자신에게 피아노를 배우게 한 어머니를 원망했습니다. 피아노를 시작한 것도, 그만둔 것도 모두 어머니의 탓이라고 생각했습니다. 피아노도, 어머니도 결별하고만 싶었습니다. 그렇게 마음의 상처를 치유하려 하지 않았던 그녀는 누구에게나 진정으로 마음을 열지 못했습니다. 일에 대한 의욕도 없었고 몇 번의 연애도 모두 흐지부지 끝나고 말았습니다.

쾌활하고 명랑하게 보이는 겉모습과는 달리 그녀의 마음속에는 불행과 고독이 자리 잡고 있었던 것입니다. 그녀는 미래에 대한 아무런 희망도 꿈꿀 수 없었습니다.

그런 그녀에게 변화가 찾아온 것은 그녀의 어머니가 암으로 죽음의 위기에 직면했을 때였습니다. 의사에게서 돌아가실지도 모른다는 말을 들었을 때 그녀는 처음으로 과거를 되돌아보았다고 합니다.

지금까지 살아온 인생과 피아노, 어머니가 자신에게 해준 수많은 것을 처음으로 원망도, 미움도 없이 회상해 보면서 그녀는 깨달음을 얻었습니다.

"나는 아름다운 자연 속에서 자랐습니다. 그것도 어머니가 나를 생각해서 만들어 준 환경이었죠. 어머니는 피아노에 관해서는 정말 엄격했어요. 학교 공부를 하지 않아도, 집안일을 돕지 않아도 나를 꾸짖지 않았지만 피아노 레슨을 게을리하면 눈물이 나올 만큼 혼이 났습니다. 피아노 외에 내가 할 수 있는 일은 아무것도 없었습니다. 다 어머니 탓이라고 원망하곤 했어요.

하지만 지금에 와서야 알 것 같습니다. 내게 피아노만 강요했던 어머니의 사랑은 미숙하지만 커다란 사랑이었다는 것을요. 어머니는 그런 식으로밖에 나를 사랑할 수 없었던 것입니다. 바로 어머니가 이 세상에서 나를 가장 사랑해 주는 사람이라는 사실을 깨닫자 가슴이 미어졌습니다."

그 뒤 그녀는 다시 피아노를 칠 수 있게 되었습니다. 오랜 공백기간이 있었지만 그녀의 연주는 여전히 훌륭했습니다. 마치 그녀와 피아노가 혼연일체가 되어 호흡하고 있는 듯한 모습이었습니다. 그녀의 전부와도 마찬가지였던 피아노를 거부하고 있었다니, 그동안 얼마나 괴로웠을까요.

그녀가 피아노 레슨을 통해 배웠던 것들이 이제는 형태를 바꾼 다른 재능으로 그리고 매력으로 활짝 피어나기 시작했습니다. 그녀의 인생은 밝고 긍정적인 방향으로 나아가기 시작했습니다.

그녀의 어머니도 위기를 넘기고 건강을 되찾았습니다. 이제 두 사람은 모든 것을 용서한 모녀지간으로서 마음을 나눌 수 있게 되었습니다. 용서는 보이지 않았던 사랑을 보이는 사랑으로 만드는 힘이 있습니다.

마음을 꾸몄을 때
비로소 매력적인 사람이 된다

내친김에 그녀에 대한 추억을 하나 더 소개해 봅니다. 그녀
는 키가 아담한 편에 예쁘장하고 스타일이 좋은 여성입니
다. 그런데 이전의 그녀는 별로 매력적으로 보이지 않았습
니다. 피아노를 그만두면서 그녀만의 생기가 사라져 버렸기
때문입니다. 그녀는 헤어스타일에는 전혀 신경을 쓰지 않았
으며 그녀의 예쁜 얼굴은 커다란 안경으로 가려져 있었습니
다. 그리고 항상 검은색 옷만 입어 칙칙하고 음울한 느낌을
주었습니다.

그러나 다시 피아노를 시작한 그녀는 이런 면에서도 멋지게 변신했습니다. 안경도 잘 어울리는 것으로 바꾸고 머리도 깔끔하게 잘랐습니다. 패션은 변함없이 검은색을 즐겨 입되 코디가 달라졌습니다. 불과 몇 개월 사이 그녀는 매력이 넘치면서도 지적인 여성으로 변신했습니다.

"전에는 귀찮아서 검은색을 입었는데 지금은 검은색이 좋아서 입어요. 검은색만 입는다고 뭐라고들 하지만 검은색이 내게 어울리는걸요. 그래서 자신감을 가지고 과감하게 연출해 보자고 생각하게 되었습니다."

나는 '누가 뭐라 하든 자신감을 가진다'는 그녀의 말이 매우 중요하다고 생각합니다. 키가 작든 크든 뚱뚱하든 말랐든 얼굴이 못났든 자신감을 가지고 연출하느냐 결점으로 치부하고 숨기느냐에 따라 타인의 눈에 비치는 모습이 전혀 달라지기 때문입니다.

세상에는 확실히 못나 보이는 사람이 있습니다. 여기서 못나 보이는 사람이란 자신이 지니고 있는 매력을 어필하지 못하고 오히려 그것을 결점으로 여기는 사람을 말합니다. 바꿔 말하면 자기 자신에게 도무지 자신감을 가지려 하지 않는 사람입니다.

사실 이 세상에 못난 사람은 한 사람도 없습니다. 단지 자신을 꾸미고 다듬지 못하는 사람이 못나 보일 뿐입니다. 물론 얼굴과 신체뿐만 아니라 마음도 함께 꾸미지 않으면 매력적인 사람이 될 수 없습니다.

앞서 이야기한 그녀도 이전에는 못나 보였습니다. 그녀스스로가 그렇게 생각하고 있었기 때문입니다. 자신의 단점에만 골몰하고 스스로를 쓸모없는 인간으로 취급했기 때문입니다. 자연스럽게 마음의 문도 닫혀 버렸지요. 하지만 지금 그녀는 매력이 넘쳐흐릅니다. 어머니를 용서함으로써 사랑을 알게 되고 자신의 과거를 전부 받아들였기 때문입니다. 그것으로 자신과 다른 사람들에게 마음을 열 수 있게 되었습니다.

혹시 당신은 자기 자신이 못났다고 생각하고 있습니까? 만에 하나 못났다고 생각하거나 자신의 매력을 찾을 수 없다면 다음에 내가 소개하는 방법으로 자신의 매력을 재확인해 보세요.

점점 더 빛이 나는
사람이 되는 방법

우선 목욕탕에 들어갑시다. 그리고 머리와 피부 그리고 손
끝까지 몸을 천천히 부드럽게 문질러 주세요. 당신의 소중
하고 사랑스러운 몸을 말입니다. 별로 마음에 들지 않는 부
분이 있겠지만 그런 부분도 함께 해 온 둘도 없는 소중한 신
체의 일부가 아니겠습니까. 그러므로 부드럽게 문질러 주세
요. 불평 따위는 하지 말고 자신의 몸을 전부 쓰다듬고 받아
들여 줍시다.

　목욕을 끝낸 뒤에는 당신의 집에서 가장 부드러운 수건

으로 몸을 감싸듯 깨끗이 닦아주세요. 기분이 좋지요? 당신의 몸 전체가 상쾌함을 느낄 테니까요.

그다음에는 옷입니다. 옷장에 있는 옷 중에서 가장 마음에 드는 것을 꺼내어 입어 봅시다. '외출하는 것도 아닌데' 하고 금방 의욕이 사라질 수도 있습니다. 하지만 이것은 당신 자신을 위한 의식입니다. 자, 그럼 거울 앞에 서 볼까요. 거울에 비춰 보아서 마음에 들지 않는 부분이 있다면 다른 옷을 입어 봅시다. 의외의 코디가 멋져 보일 수도 있으므로 정해진 형태에 구애받지 말고 입어 봅시다.

이렇게 옷이 정해지면 이번에는 헤어 스타일을 바꿔 봅시다. 복장에 어울리게 그리고 당신의 매력 포인트가 부각되도록 궁리해 봅시다. 누구나 자기 얼굴 중에 마음에 들지 않는 부분은 있게 마련입니다. 그런데 그 부분을 집중적으로 수정하려 해도 소용없으니 가장 잘난 부분, 매력적인 부분을 어필할 수 있도록 연구해 봅시다. 그러면 마음에 들지 않았던 곳도 귀여운 매력으로 변하게 됩니다.

마지막은 신발입니다. 신발까지 골라 신고 실제로 잠깐 바깥에 나갔다 와도 좋지만, 그게 아니라면 집 안에서라도 괜찮습니다. 지금 입은 옷과 헤어 스타일에 잘 어울리는 신발을 선택하세요.

내친김에 와인 한 잔 어떠세요? 홍차도 좋겠네요. 테이블 위를 깨끗이 치우고 좋아하는 음악을 한 곡 선정해 들으면서 와인 혹은 홍차를 마셔 봅시다. 왠지 당신이 멋진 사람이 된 것 같지 않습니까? 때론 이렇게 나르시즘에 빠져 시간을 보내는 것도 좋습니다. 자신이 멋진 사람이라는 것을 실감할 수 있으니까요.

한 번 더 거울 앞에서 확인해 봅시다. 당신이 빛나고 있지 않습니까? 광채는 자신감의 표현입니다. 자신감은 자신의 얼굴과 몸과 마음을 부드럽게 해 줌으로써 배어 나오는 것입니다.

매일 이런 놀이를 하라는 것이 아닙니다. 기분이 울적하거나 마음이 답답할 때 기분 전환 차원에서 해 보라는 것입니다. 이 놀이는 자신감 회복의 효과도 있습니다.

만일 이런 놀이를 하다 문득 외출하고 싶은 마음이 생기면 누군가에게 전화를 걸어 봐도 좋겠지요. '우리, 오늘 만날래?' 하고 말입니다. 평상시에는 이런 말을 쉽게 꺼낼 수 없는 상대일지라도 자연스레 말이 나올 겁니다.

　이쯤에서 점검해 봅시다. 당신은 직장이나 학교에서 다른 사람들과 잘 어울리지 못하는 사람입니까? 그렇다면 당신은 이런 말을 들으며 살아왔을지도 모릅니다.

　"사람들과 이야기할 때는 항상 밝은 표정을 짓고 웃어라."

　어떻게 해야 밝은 표정을 짓고 웃을 수 있는지 모르는 탓에 다른 사람과 이야기하는 것이 두려워진 것입니다. 하지만 걱정하지 마세요. 지금의 당신이라면 더 이상 억지로 웃을 필요가 없습니다. '재미있겠는데' 하며 사람들 틈에 끼어 고개도 끄덕이면서 이야기를 듣다 보면 어느새 밝은 표정으로 웃고 있는 자신을 발견할 수 있을 것입니다.

　"그저 웃기만 하면 사람들한테 바보 취급당할 거야."

　"할 말도 없는 바보인 줄 알 거야."

　아직도 이런 걱정을 하십니까? 하지만 이런 걱정은 당신뿐만 아니라 세상 모든 사람이 느끼고 있는 바입니다.

　"저 사람 바보 아냐?"

"저런 옷을 입다니, 정말 패션 감각이 없군."

사람들이 자신을 이렇게 생각하지는 않을까 하고 다들 걱정하고 있습니다. 그런데 문제는 걱정하면 진짜 그런 말을 듣게 된다는 것입니다. 그러나 걱정하지 않는 사람, 무슨 말을 들어도 신경 쓰지 않는 사람, 자신을 사랑하고 자신감 있는 사람에게는 아무도 그런 말을 하지 않습니다. 오히려 매력을 느끼게 됩니다.

할 말도 없는 바보라고 생각하면 어쩌나, 패션 감각이 없다고 하면 어쩌나 하는 고민은 아마 100명 중 99명이 하는 똑같은 고민일 것입니다. 그런데 당신의 주위 사람들이 겉으로 보기에 그런 고민을 하는 것 같습니까? 그렇지 않지요? 그렇다면 당신도 마찬가집니다. 다른 사람들도 당신이 그런 고민을 가진 사람이라고 보지 않습니다.

따라서 당신만 고민하지 않으면 됩니다. 자기 자신에게 자신감만 갖고 있다면요.

타인을 위해
노력하는 삶이라면

그런데 자신감에도 미묘한 부분이 있습니다. '나는 모든 일에 자신이 있다'고 생각했는데 사소한 일로 자신감을 잃고 좌절하는 사람이 의외로 많습니다. 그런 의미에서 '진짜 자신감'과 '가짜 자신감'에 대해 생각해 볼 여지가 있습니다.

한 여성의 이야기가 있습니다. 그녀는 스물여섯 살로 지금은 아주 즐겁고 활기찬 나날을 보내고 있지만 예전에는 큰 고민을 안고 살았습니다. 어떤 일이 있었는지 이쯤에서 그녀의 이야기를 들어 봅시다.

초등학교 시절의 나는 매우 자신만만했습니다. 반에서 성적이 제일 좋았기 때문이죠.

"나 지금 학원 가야 되니까 너희들이랑 못 놀아."

나는 공부도 하지 않고 놀고 있는 아이들을 한심하게 쳐다보면서 우쭐해했습니다. 수업 시간에는 아무도 못 푸는 어려운 문제를 나 혼자 풀어서 선생님에게 칭찬도 받았습니다. 독후감 대회에서도 내 글이 금상을 수상했습니다. 공부만 잘하는 것이 아니라 스포츠도 만능이라 탁구 대회에서도 우승을 했습니다. 항상 모두를 이기고 1등이 되는 쾌감은 말로 표현할 수 없을 정도로 황홀했습니다.

시험 결과가 나오는 날, 선생님이 점수가 나쁜 아이부터 이름을 부릅니다. 물론 내 이름은 가장 마지막에 불립니다. 다들 나를 본받아 열심히 하라는 선생님의 칭찬을 들으며 마음속으로 회심의 미소를 지었습니다.

드디어 중학교 입학식 날 가슴이 터질 듯 뛰었습니다. 모두가 선망의 눈길을 보내는 중학교의 교복을 입고 전철을 타면 어른들도 감탄의 표정을 보이곤 했죠. 나는 중학교에서도 역시 우수한 학생이었습니다. 그런데 고등학생이 된 후부터 어떻게 된 일인지 1등의 삶이 어렵게 되었습니다. 언제부턴가 한번씩 머리가 터질 듯 아파서 아무것도 할 수 없었고, 몸이 항상 나른해서 내 몸인데도 내 의지대로 움직이질 않았습니다.

전교회장 선거에서 떨어진 뒤에는 두통이 더 심해졌습니다. 그리고 머릿속에서 '왜 내가 회장이 될 수 없단 말이야. 나보다 회장에 적합한 사람이 있다니!'라는 생각이 떠나질 않았습니다.

모의고사에서도 다른 아이가 1등을 차지했습니다. '모든 분야에서 1등이었던 내가 왜 이제는 최고가 될 수 없는 거지?' 나는 1등을 빼앗겨 버린 나를 용서할 수 없었습니다. 그런 나는 내가 아니었으니까요. 나는 언제나 1등이었습니다. 언제나 최고로 모든 이의 부러움을 샀습니다. 언제나 다른 사람 위에서 웃는 내가 나였습니다. 그렇지 않은 나는 절대 있을 수 없다고 생각했죠. 용서할 수가 없었습니다. 웃을 수 없는 나를. 결국 나는 폭발했습니다. '나'와 '나'가 공중 분해하여 산산조각이 나 버렸던 것입니다.

그 뒤로 나는 학교를 가지 않고 하루 종일 잠만 잤습니다. 깨어 있는 동안에는 계속 먹었습니다. 집 안에 있는 음식이란 음식은 모조리 먹어 치웠습니다. 미친 듯이 먹은 뒤에는 토하고 다 토한 뒤에는 다시 먹었습니다. 그런 모습이 나일 리 없는데 그게 바로 나였습니다. 어찌할 수 없는 나였습니다.

책도 싫고 공부도 싫었습니다. 나에게 열심히 공부하라고 강요하던 부모님의 목소리가 떠오를 때면 고막이 찢어질 정도로 크게 음악을 틀었습니다. 한밤중에도 큰 소리로 노래를 부르고 기분이 나빠지면 닥치는 대로 물건을 집어던졌습니다. 원망이 차오를 때면 부모님이 애지중지하던 물건도 깨부쉈습니다.

처음에는 부모님도 당황했습니다. 당신들을 원망한다고 소리 지르는 저를 보고 아이처럼 주저앉아 눈물 흘리기도 했습니다. 나는 그 모습도 너무 미워서 더 심한 말을 퍼부었습니다. 그렇게 어찌할 도리가 없는 나를 용서해 준 사람이 바로 어머니였습니다. 내가 무슨 짓을 해도, 아무리 심한 말을 해도, 어머니는 나를 용서해 주었습니다. 받아들여 주었습니다. 폐인이 된 나를 그래도 좋다고 말해 주었습니다.

학교 가기 싫어. 그래도 괜찮아. 교복도 태워 버릴 테야. 그래도 좋아. 복잡한 전철 타고 학교 가는 것 싫어. 이해해. 다 토해 버릴래. 그래도 괜찮아.

위태로운 시기는 넘겼지만 다시 학교에 갈 마음은 들지 않았습니다. 침대에서 빈둥거리면서 만화만 읽었습니다. 밥은 먹지 않고 아이스크림만 먹었습니다. 세수도 하지 않고 이도 닦지 않았죠. 그런데도 나를 용서하는 어머니가 대단하게 느껴졌습니다. 그리고 서서히 '나'와 '나'가 하나로 합해졌습니다. 하나가 된 나는 몸도 마음도 예전보다 훨씬 가벼워졌습니다.

어머니가 용서해 주었기 때문에 나는 겨우 나 자신을 용서할 수 있었습니다. 못난 자신, 1등이 아닌 자신, 아무도 부러워하지 않는 자신을 겨우 용서할 수 있었습니다.

내가 대입 검정고시를 치게 된 것은 그 후의 일이었습니다. 비록 고등학교는 중퇴했지만 대학에 들어가고 싶다는 마음이 생겼습니다. 8월의 무더운 어느 날, 매미 우는 소리

를 들으며 나는 기분 좋게 시험을 치렀습니다.

'괜찮아. 혹시 실패하더라도 괜찮아. 할 만큼 했으니까. 나중 일은 나중에 생각하자.'

그렇게 마음을 먹고 별 기대 없이 시험을 치렀는데, 기쁘게도 합격 통지서가 왔습니다. 그때 나는 '드디어 나 자신으로 살아갈 수 있겠구나' 하는 생각이 들었습니다. 그리고 나 자신으로 사는 것에 대한 자신감이 생겼습니다.

내가 피부로 느낀 것, 그것이 바로 자신감이었습니다.

내가 이 눈으로 본 것, 그것이 자신감이었습니다.

내가 이 마음으로 느낀 것, 그것이 자신감이었습니다.

누가 말해서가 아니라 누구에게 이겨서가 아니라 내가 '내가 된 것'이 자신감이었습니다.

진정한 자신감은 이기는 것이 아니라는 사실을 뒤늦게나마 깨달았을 때 나는 바람의 시원함도 느낄 수 있었습니다. 마치 내가 나일 수 있음을 바람이 축하해 주는 것 같았습니다. 합격한 대학교는 소위 말하는 일류는 아니지만 내가 좋아하는 전공을 할 수 있었습니다. 지금은 회사에 취업해서 내가 만족할 만한 커리어를 쌓고 있습니다. 몇 차례의 열렬

한 연애를 하고, 현재는 애인 모집 중입니다. 시간과 돈만 생기면 해외여행을 떠나고요. 나는 이런 내가 좋습니다.

당신도 그녀의 마음을 이해할 수 있을 것입니다. 그녀처럼 끔찍한 경험은 하지 않았다 해도 그녀와 같은 생각을 해본 적은 있을 테니까요. 사람이라면 누구를 위해 참거나 누가 말해서 노력하거나 누구를 위해 착한 아이가 되면 '나'와 '나'가 공중 분해됩니다. 산산조각이 난 '나'와 '나'를 다시 하나로 만드는 일에는 엄청난 고통이 따릅니다.

하지만 그런 고통을 거친 다음에는 진정한 자신감, 즉 누구에게 상처를 주지도 않고 누구에게 상처를 받지도 않는 멋진 자신감이 넘쳐 나는 '나'를 되찾을 수 있습니다. 정말 멋진 일은 당신이 진정한 당신이 되는 것입니다. 당신이 누구를 위해서가 아닌 당신 자신을 위해서 살 수 있는 것입니다.

언제라도 의지할 수 있는
자신만의 세계

진정한 자신이 된다는 건 무엇일까요? 다른 말로 표현하면 '자립'이 아닐까 합니다. 자립이라고 하면 '다른 누구의 도움도 받지 않고 혼자서 살아가는 것'일 테지요. 그리고 자립한 사람이란 혼자서도 잘 해내지만 타인에게 의지해야 할 때는 의지할 줄 아는 사람입니다. 감정이나 사람에 휩쓸려서 일희일비하고 자신의 삶의 주도권을 잃은 사람은 자립해서 살고 있더라도 진정 자립한 것이 아닙니다. 충분한 수입이 있어도 자신의 마음을 스스로가 주체할 수 없는 사람은 남성이든 여성이든 자립한 사람이 아니라고 생각합니다. 즉, 자신의 삶에 주도권이 있는 사람이 진정한 자립을 이루고 진정한 자신으로 살아가는 것입니다.

다른 사람에게 의지하지 않고서 혼자 그 순간을 넘길 수 없는 사람은 상대에게 부담을 주고 맙니다. 혼자 있는 시간을 견딜 수 없으면 상대의 사정은 아랑곳하지 않고 응석을 부리게 되므로 상대는 귀찮아할 것입니다.

하지만 제대로 자립한 사람이라면 혼자서도 잘 해냅니다. 의지해야 할 때는 필요한 만큼만 의지할 수 있습니다. 그래야 비로소 사람과 사람 간의 따뜻하고 원만한 관계가 형성됩니다. 자립하고 싶다면 사랑을 해 보세요. 끝없이 상대를 원하는 연애의 갈등을 겪으면서 자신의 마음이 단련되고 자립이 무엇인지 알게 될 것입니다.

책 『자기다움을 사랑할 수 있습니까』와 『자신의 인생을 살고 있습니까』로 유명한 미국의 교육학자 레오 버스카글리아는 이렇게 말했습니다.

"자기 자신을 잃어버릴 정도로 사랑하는 사람에게 의지

해서는 안 된다. 언제나 의지할 수 있는 자신만의 세계를 가지고 있어야 한다."

이 말을 뒤집어 말하면 '당신이 나의 전부야. 당신은 내 삶의 의미야'라는 사랑의 속삭임은 위험한 징조라는 것입니다. 마찬가지로 '언제나 나만 봐줘' 혹은 '영원히 당신만을 보며 살 거야'라는 생각도 바람직하지 않습니다.

연애란 그야말로 정열입니다. 불타오르는 시기에는 격렬한 마음이 오가는 것이 당연합니다. 그 시기는 가슴 떨림과 감동과 스릴로 가득 찬 나날이 될 것입니다. 그러나 연애가 진정한 사랑으로 커 갈 즈음에는 자신도 제어할 수 없는 감정의 소용돌이로부터 벗어나 있는 것이 보통입니다.

그렇지 않으면 연애는 끝이 납니다. 어느 한쪽이 먼저 견디지 못해 슬프고도 괴로운 종지부를 찍습니다. 헤어지자는 말을 들은 다른 한쪽도 이미 알고 있었을 것입니다. 이대로 가다가는 머지않아 헤어질 것이라는 사실을요.

과연 어떤 연애가 보다 오래가고 평생에 걸쳐 지속될 수 있는 것일까요? 그것은 혼자임을 견딜 수 있는 '사랑'과 '사랑'

의 관계입니다.

"내게 있어 당신과 함께 보내는 시간은 그 무엇과도 바꿀 수 없는 소중하고 행복한 시간이야. 하지만 내게는 그것 외에도 소중한 시간이 있어. 당신과 함께 하지 않는 시간에 내가 경험하고 배우고 느낀 것을 당신과 이야기할 수 있을 때 난 행복을 느껴."

이러한 사랑으로 충만한 연애가 오래도록 지속될 수 있는 것 아닐까요. 당신이 만일 지금까지 괴로운 실연만을 거듭해 왔다면 이 점을 잘 생각해 보세요. 당신의 사랑은 상대에게 의지하고만 있지는 않습니까? 자립한 개체로서의 자신을 잃을 정도로 상대에게 의존하고 있지는 않습니까?

자립한 마음은 언제라도 혼자 있을 수 있습니다. 자신의 감정과 현재를 상대에게 책임 지우지 않습니다. 나와 상대를 독립된 존재로 인정하면서 상대를 사랑할 줄 아는 마음으로 관계를 이어갑니다.

사람은 분명히 혼자서는 살아갈 수 없는 존재입니다. 하지만 혼자서 견딜 수 있는 자신의 세계가 없는 사람은 누군가와도 오랜 시간을 함께 보낼 수 없습니다. 버스카글리아가 말하는 '언제라도 의지할 수 있는 자신만의 세계'를 가진 사람이 되어야 합니다. 그리고 혼자 있음의 괴로움과 애절함을 잘 아는 사람이 혼자 보내는 시간의 소중함과 기쁨을 알게 된다면 더할 나위 없을 것입니다.

반드시
웃을 수 있는 날이 온다

지금까지 이 책을 읽으면서 혹시 이렇게 생각하는 사람이 있는지 모르겠습니다.

"이 책의 저자는 아무 걱정이 없는 사람인가 보다. 지금까지 한 번도 실패하거나 괴로움을 겪은 적이 없었나봐."

그것은 오해입니다. 나는 수많은 실패와 역경을 겪어 왔습니다. 스스로를 불행하다고 생각한 적도 많고, 고민의 수렁에서 헤어 나오지 못한 시절도 있었습니다. 괴로운 사건도 헤아릴 수 없이 많습니다. 그중에서도 가장 먼저 떠오르는 사건은 아버지가 쓰러졌을 때입니다.

사람은 누구나 나이를 먹는 법이고, 이 세상을 떠날 때가 오는 법이므로 이별은 필연적인 일이라고 나도 각오는 하고 있었습니다. 그러나 지병이 악화된 아버지가 쓰러졌을 때 나는 패닉에 빠졌습니다. 의식을 잃고 깨어나지 않는 아버지를 보면서 예전에는 경험해 보지 못한 두려움을 느꼈습니다. 처음에는 세상에 하나밖에 없는 아버지를 잃을지도 모른다는 두려움과 슬픔에 망연자실했습니다. 그러나 차츰 현실적인 혼란과 두려움이 찾아왔습니다.

나와 언니가 교대로 병상을 지키며 아버지를 간호하게 되었고 그로 인해 남편과 아이들에게는 신경 쓸 겨를이 없어졌습니다. 여태껏 순조롭고 행복했던 나의 가정생활에 혼란이 왔습니다. 하지만 남편과 아이들의 도움으로 큰 문제는 없었습니다. 어린 나이에도 아이들은 서로를 도와가며 어깨너머로 배운 요리도 하고 청소도 했습니다. 남편도 일을 마치고 아이들을 챙기고 우리는 걱정말라며 나를 안심시켜 주었습니다. 고마운 마음이 들었지만 어째서인지 나는 점점 지쳐만 갔습니다.

어느 날 나는 언니에게 아버지를 맡기고 집으로 향했습니다. 지하철에 앉아서 1시간가량을 졸았던 것 같습니다. 퍼뜩 정신을 차리고 보니 내려야 할 역이라 무거운 몸을 이끌고 내렸습니다. 그런데 밖에 나오자 폭설이 내려 꼼짝도 못하는 상태였습니다. 나는 하늘을 원망하며 땅이 꺼져라 한숨을 내쉬었습니다. 택시도 오지 않고 버스도 오지 않았습니다. 남편에게 전화를 걸어도 눈 때문에 차를 몰고 올 수 없을 것 같았습니다. 어쩔 수 없이 나는 집을 향해 터벅터벅 걷기 시작했습니다.

그 당시에도 나는 항상 밝고 긍정적으로 살아야겠다고 마음먹고 있었습니다. 무슨 일이 일어나도 좋은 경험이라 생각하고 받아들일 준비를 하고 있었습니다. 그런데 그날만은 모든 게 불가능했습니다. 아마도 차가운 눈이 내 몸과 마음을 얼어붙게 했는지도 모릅니다.

짐을 든 손은 얼어붙어서 감각이 없었고 조심조심 눈길을 밟는 다리는 점점 느려졌습니다. 눈이 쌓인 우산이 바람에 흔들리자 더욱 무겁게 느껴졌습니다.

'왜 내가 이렇게 차갑고 괴로운 고통을 당해야 하나.'

원망스러운 마음을 주체할 수가 없었습니다. 평소의 마음가짐은 어디론가 사라지고 비관적인 생각만 계속 떠올랐습니다. 참으로 슬프고 비참하고 원통했습니다.

추워서라고요? 아닙니다.

짐이 무거워서? 그것도 아닙니다.

바로 나 자신의 괴로움밖에 안중에 없었기 때문입니다. 의식도 없이 하염없이 잠만 자는 아버지 때문도 아니고, 눈 내리는 추운 밤에 엄마를 애타게 기다리는 아이들 때문도 아니었습니다. 하물며 의식 없는 아버지와 한 지붕 밑에서 함께 생활하고 있는 오빠의 마음도, 아버지를 돌보며 나까지 챙겨 주는 언니에게 감사하는 마음도 잊어버렸습니다. 그저 눈의 차가움이, 바람의 차가움이, 사람 하나 지나가지 않는 거리의 냉담함을 겪고 있는 나 자신이 가엾다고 느껴졌습니다.

오랜 시간이 지난 뒤에도 그날의 기억은 뇌리에서 지워지지 않았습니다. 자신이 얼마나 한심한 존재였는지 얼마나 마음이 가난했는지를 몇 년이 지나도 잊을 수가 없었습니다.

내게도 이런 못난 부분이 있습니다. 아니 헤아릴 수 없이 많습니다. 하지만 나는 이제 그때의 괴로움에서 벗어났습니다. 고통은 지나가게 마련입니다. 아버지의 죽음과 함께 찾아든 깊은 슬픔도 시간의 흐름이라는 마법이 달래 주었습니다.

누구나 그렇습니다. 슬픔과 고통, 괴로움을 당할 때마다 이제 더 이상 밝은 내일은 오지 않을 것이라고, 이러다가 죽는 거라고 생각하기 쉽습니다. 그러나 아무리 어려운 일이 닥쳐도 언젠가는 웃을 수 있는 날이 옵니다. 또한 아무리 힘든 일이 있어도 그것이 나를 죽이지는 못합니다.

결국 고통은 내가 견딜 수 있을 만큼의 것입니다. 정말 그렇습니다. 견딜 수 있는 정도라면 밝고 긍정적인 마음으로 극복해 버리면 됩니다. 그뿐입니다.

무슨 일이든 언젠가는 어떻게든 되는 법입니다. 그러므로 나는 어떤 일이 일어나도 결코 낙담하지 않습니다. 낙담해도 금방 강인하게 일어나서는 낼름 혀를 내밀어 버립니다. 나 자신이 비극의 여주인공인 양 눈물을 흘리는 일은 결코 없습니다.

눈 내리던 그날 밤의 가슴 아픈 기억이 되살아나면 나는 사죄합니다. 마음속으로 '모두에게 미안해요' 하고 중얼거립니다. 그러면 그때의 내가 '괜찮아, 지금은 이렇게 즐거운 생활을 하고 있잖아' 하며 나를 용서해 줍니다. 그리고 그때의 아버지와 아이들과 남편, 오빠, 언니도 나를 향해 미소를 지어 줍니다. 과거의 아픔은 이처럼 사죄할 때마다 조금씩 사라지는 것 같습니다.

소중한 나 자신,
소중한 내 인생

지금이 가장 괴롭고 슬프며 내일은 어둡기만 하다는 사람이
있다면 내 말이 제대로 귀에 들어오지 않을지도 모릅니다.
죽고 싶은 생각밖에 없는 사람에게 염불이 다 무슨 소용 있
겠습니까.

　마음은 말을 담는 그릇입니다. 마음을 점령하는 것은 말
과 보고 들은 경험입니다. 그렇기에 마음에 슬픔과 괴로움
이 가득한 사람이 자살을 기도하기도 합니다. 이런 의미에
서 말이 얼마나 무서운 것인지 알 수 있습니다. 하지만 말이

무서운 가장 큰 이유는 가공할 만한 위력을 지녔기 때문입니다. 하지만 반대로 생각해 보세요. 사람을 죽음으로 이끌 만큼의 위력을 지닌 것이 말이라면 사람을 살릴 수도 있는 것도 말입니다.

당신은 죽고 싶다고 생각한 적이 있었나요? 자살을 생각한 적이나 실제로 자살을 기도한 적은 없었나요? 있었다고 해도 이상한 일이 아닙니다. 의외로 많은 사람이 경험하고 있는 일이니까요. 그럼에도 죽지 않고 지금까지 살아온 당신에게 나는 진심으로 말하고 싶습니다.

"살아 있어서 정말 다행입니다. 이제 죽음을 생각할 필요 따윈 없습니다."

사람이 전해 주는 온기가 사람을 살리는 에너지원입니다. 그러므로 당신도, 지금은 이미 어른이 된 당신도 당신의 몸과 마음을 먼저 자신의 손과 마음으로 끌어안아 주세요. 자신의 온기를 스스로가 맘껏 느끼게 해 주세요. 당신 자신에게 무한한 에너지를 전해 주세요. '나는 누구를 위해서도 아닌 소중한 나 자신을 위해 소중한 내 인생을 살고 있다'고 속삭여 주세요.

그런 당신의 온기는 누군가의 몸과 마음에 반드시 전해 집니다. 그리고 그 온기는 다시 한번 당신에게 따뜻함을 불어넣어 줄 것입니다.

당신은 당신 모습 그대로 살아 주세요. 당신의 마음을 믿고, 당신의 모습 그대로를 용서하고, 지금까지의 당신을 나무라지 말고 따뜻하게 끌어안아 주세요. 당신이 자신을 미워하면서 살면 조금씩 당신을 죽이고 있는 것과 다를 바 없습니다. 사람들은 자기 자신이 조금씩 자신을 죽이고 있다는 사실을 깨닫지 못합니다.

그렇기 때문에 더욱 당신의 몸과 마음을 따뜻하게 데워 줄 것을, 그리고 그렇게 할 수 있는 사람은 당신이라는 사실을 결코 잊지 마세요. 슬픈 일이 이 세상에서 없어지기 위해서는 먼저 당신의 마음에서 슬픔을 없애야 합니다.

4장

◇

마음이 편안해지는 비결

몸과 마음은
하나처럼 돌봐야 한다

당신의 몸을 구성하고 있는 세포의 수를 알고 있나요? 그 수는 무려 60조 개에 이른다고 합니다. 60조라면 전 세계 인구의 약 1만 배 정도에 해당하니 실로 엄청난 수입니다. 맨 처음에 당신은 단 한 쌍의 유전자였습니다. 그것이 어머니의 뱃속에서 처음엔 하나였다가 두 개로, 두 개가 네 개로, 네 개가 여덟 개로 세포분열을 거듭해서 마침내 60조 개라는 어마어마한 수의 세포로 분열된 것입니다. 그 세포들이 서로 영향을 주고받아 당신이라는 하나의 생명체가 된 것이지요.

60조 개의 세포에 영양과 산소를 공급하거나 노폐물을 회수하는 것이 혈관과 림프관으로 불리는 수송관입니다. 수송관에는 두꺼운 동맥과 정맥이 있고 그 외에도 육안으로는 보이지 않는 아주 가느다란 모세혈관이 전신으로 뻗어 있습니다. 우리가 신체의 어느 부위에 상처를 입으면 피가 나오는 이유가 바로 모세혈관 때문입니다.

이 혈관들을 전부 이어 붙인 길이가 얼마인지 아시나요? 한 가설에 따르면 대략 10만 킬로미터에 육박한다고 합니다. 10만 킬로미터, 상상이 가시나요?

우리가 살고 있는 아름다운 지구를 한 바퀴 돌면 4만 킬로미터라고 합니다. 그러므로 당신 몸속의 혈관은 그 배 이상의 길이가 되는 것이지요. 지구에서 태양까지의 거리가 35만 킬로미터 정도이므로 그것의 삼분의 일 정도가 됩니다. 생각하면 경이롭습니다. 60조 개의 세포와 그 세포에 빠짐없이 뻗어 있는 10만 킬로미터의 혈관들……. 우리의 몸이 이렇게도 방대한 수의 집합체라니 말입니다.

그런데 이러한 몸을 마음과 분리해서 생각할 수 있을까

요? 확실히 따로 생각하기는 어렵습니다. 몸의 불쾌감은 마음의 불쾌감이요, 마음의 고민은 몸의 고민과 떼어 놓고 생각할 수 없습니다.

사람은 몸과 마음이 하나인 동물입니다. 다시 말해, 당신의 마음은 60조 개의 세포, 10만 킬로미터의 혈관에 지배받고 있는 것입니다. 뒤집어서 당신의 마음은 60조 개의 세포와 10만 킬로미터의 혈관을 지배하고 있는 셈입니다.

지금 당신의 60조 개의 세포 하나하나와 이야기해 보세요. 눈을 감고 머리끝에서 발끝까지 하나하나의 세포와 눈을 맞추며 느긋한 마음으로 이야기를 해 봅시다. 10만 킬로미터의 혈관도 떠올려 봅시다. 막힘없이 시원스레 혈액이 흐르는 것을 느껴 보세요.

그런 것을 어떻게 느낄 수 있냐고요? 세포 하나하나와 이야기하는 것이 불가능하다고요? 조금만 연습하면 누구나 할 수 있습니다. 이렇게 하면 몸의 상태도 마음의 상태도 놀랄 만큼 좋아집니다. 그 방법에 대해 소개하기에 앞서 그 전 단계를 짚어 보도록 하겠습니다.

60조 개의
기적

당신은 지금까지 자신을 구성하고 있는 세포의 수에 대해서 생각해 본 적이 있습니까? 당신이 인간이라는 생명체임과 동시에, 당신을 구성하고 있는 60조 개의 세포는 모두 살아 있는 각각의 생명체라는 사실에 대해 생각해 본 적이 있습니까? 당신의 심장이 한 번 뛸 때마다 혈액이 10만 킬로미터의 혈관 속을 순식간에 흘러가는 장면을 상상해 본 적이 있습니까? 아마 대부분은 너무 당연한 일이라 깊이 생각해 본 적이 없을 것입니다.

당신의 몸은 상처와 질병이라는 위기를 극복하고 오늘날까지 잘 살아왔습니다. 당신은 몸속의 세포 하나하나에 대해서나, 혈액이 흐르는 10만 킬로미터의 긴 여행에 대해서 생각해 본 적이 없는데도 당신을 구성하는 세포들과 혈관은 서로 협력하고 도우며 각자의 역할을 충실히 이행하고 동시에 수많은 세대교체를 거듭하며 지금까지 잘 살아 주고 있습니다.

나는 이것이 절대 당연한 일이라고 생각하지 않습니다. 이것이야말로 기적이 아니겠습니까?

60조 개의 세포가 하나하나 조화를 이루고 있는 것, 이것이 기적이 아니고 무엇일까요? 이 생명의 신비를 생각하면 60조 개 세포들의 활약을 통해 유지되는 '나'라는 의식과 존재는 세포 하나하나에게 감사해야 합니다. 진심으로 감사해야 합니다.

칼질을 하다가 손가락을 아주 조금 베었다고 합시다. 그때 과연 몇 개의 세포가 상처를 받았을까요? 수백, 수천 그도 아니면 수만 개 정도가 상처를 입었을지 모릅니다. 그러나 60조 개에 비하면 아무것도 아닙니다. 그런데도 우리는 아프다며 눈물까지 흘립니다. 피가 났다고 수선을 떨기도 합니다. 60조 개 중에 불과 몇 개가 상처 입은 것만으로도 몸은 아프고 마음은 걱정합니다.

하지만 놀랍지 않습니까. 며칠 지나면 깨끗이 나아 있으니까요. 이것은 우리가 아무런 노력을 하지 않아도 세포들이 일을 해 주기 때문입니다. 그런데 어떻게 이런 기적에 감사하지 않을 수 있을까요?

우리의 의식이나 의지는 세포들이 협력해서 일하는 것에 비교하면 아무것도 아닐 수 있습니다. 우리의 마음과 몸이 언제나 건강함을 유지하기 위해서는 의식과 의지로 그에 반하는 쓸데없는 짓을 하기보다는 세포들이 하는 대로 가만히 맡겨 두어야 합니다.

나는 우리의 의지와 의식이 할 수 있는 일이란 세포가 자신들의 역할을 기분 좋게 해낼 수 있도록 기도하고 운동하는 것뿐이라고 생각합니다. 하지만 사람은 참으로 성가신 존재입니다. 60조 개의 세포가 훌륭한 역할을 해 주고 있는데도 그것을 아예 잊어버리거나 그들의 일을 방해를 하기 일쑤니까요. 어떻게 방해하냐고요?

만일 당신이 직장인이라면 직장에서 짜증나는 일을 수없이 많이 겪을 것입니다. 상사와 동료의 얼굴을 떠올리면 좋은 얼굴보다 싫은 얼굴이 더 많을 수 있습니다. 하기 싫은 일이나 산더미처럼 쌓인 일, 해 봤자 자신에게는 아무 도움도 되지 않는 하찮은 일을 매일 해야 할지도 모릅니다. 그렇다면 당신은 초조하고 우울하고 짜증이 나겠죠.

만성적으로 소화가 안 되거나, 머리가 아프거나, 몸이 나른해져 무력감에 빠져 있을지도 모르겠군요. 설사와 변비의 원인이 마음의 초조와 우울에 있는지도 모르죠. 이렇게 위의 통증이나 두통, 설사와 변비가 있으면 더더욱 초조하고 우울해지니 악순환이 아닐 수 없습니다.

상사와 동료 그리고 회사 일로 인해 초조해하거나 우울해하면 당신의 60조 개의 세포들도 고통을 당하게 됩니다. 다시 말해 가만히 내버려 두면 순조롭게 일을 해낼 세포들을 간섭하고 방해하는 것입니다. 실제로 당신의 상사와 동료와 일에 문제가 있을 수 있으나 그로 인해 당신의 둘도 없는 친구인 세포를 괴롭혀서는 안 될 것입니다.

스트레스, 불안, 초조, 우울 등 마음이 불쾌한 상태는 모두 자기 스스로가 자신의 세포를 괴롭히는 상태임을 깨달아야 합니다.

항상 거리를 두고
바라보는 태도

불쾌한 일, 불안한 일, 초조한 일, 우울한 일은 생각하기에 따
라 얼마든지 늘어날 수 있습니다. 사람과 사람이 함께 사는
일이란 다 그런 것입니다. 하지만 늘 초조해하는 사람은 어
떤 상황에 처하든 초조해하고 늘 느긋한 사람은 어떤 상황에
서든 느긋합니다. 결국 자신의 문제인 것입니다. 누군가에
게 책임이나 원인이 있을 수도 있지만, 그 누군가를 어떻게
해 보려 해도 대부분 헛수고일 뿐입니다. 내 안에서 해결의
길을 모색하는 편이 훨씬 빠르고 편합니다.

그리고 내 안에서 무언가가 바뀌면 주위 사람들도 바뀌기 시작합니다. 그렇기에 다른 누군가로 인해 마음이 상하거나 스트레스를 받고 초조해하고 불안해하면서 내 몸속의 60조 개의 세포를 괴롭힌다면 그 이상은 어리석은 일은 없을 것입니다.

암에 걸리는 가장 큰 원인은 심리적인 스트레스라고 합니다. 변비나 설사에도 스트레스가 큰 영향을 미칩니다. 갑작스럽게 뽀루지가 올라오는 것도 스트레스 때문입니다. 어깨 결림이나 두통도 그렇습니다. 그러므로 다른 사람에게 휘둘려서 심신의 건강을 해쳐서는 안 됩니다.

바로 이런 의미에서 '나는 상관없다'는 식의 태도, 항상 거리를 두고 바라보는 태도가 필요한 것입니다. 맡은 일은 충실히 하고, 사람들과 잘 지내면서 60조 개의 세포를 지켜 주는 태도. 이런 삶의 태도를 가져 봅시다. 결코 냉정하다거나 자기밖에 모르는 태도가 아닙니다. 남들의 배 이상 열심히 활약하면서도 자신의 몸과 마음을 스스로 지킬 수 있는 삶의 태도입니다.

싫은 말은
마음에 들이지 않는다

당신이 어떤 실수를 저질렀다고 가정해 봅시다. 그러면 주위에서 다음과 같은 말들을 하겠지요.

"그런 실수를 저지르다니 도대체 어떻게 하려고 그러니!"

그러면 당신은 실수를 인정하며 '죄송해요. 꼭 해결하겠습니다'라는 말로 응수하면 됩니다. 신도 이 이상의 말은 할 수 없을 테니까요. 하지만 만일 당신을 몰아붙이는 듯한 다음과 같은 말들에는 당신의 세포들을 위해서라도 반박합시다.

"너 참 못났어!"

"해결될 리가 없잖아?"

"능력 부족이야!"

이럴 때는 '난 못난 인간이 아니에요'라든지 '반드시 해결할 겁니다' 혹은 '능력이 부족하다면 보완하겠습니다' 하고 반박합시다. 반발이 아닙니다. 자신에 대한 선언입니다. 그러므로 혹시 상대에게 대놓고 말할 수 없다면 마음속으로라도 중얼거리세요. 당신의 몸과 마음을 지키기 위해서, 당신의 자신감과 자존심을 지키기 위해서, 당신 몸속의 60조 개의 세포에게 힘을 불어넣어 주기 위해서 말입니다. 이런 식의 바꿔 말하기, 즉 누군가의 입에서 나온 말이 자신의 마음속으로 스며들기 전에 저지하기 위한 환언(換言)은 매우 중요합니다.

'못난이'라고 하면 '나는 못나지 않았어. 매력적이야'라고 상대의 말을 바꿔 말합니다. '바보'라고 하면 '나는 바보가 아니야. 너와는 생각의 구조가 다를 뿐이야' 하고 고쳐 말합니다. '너 같은 인간은 죽어 버리는 게 나아'라고 하면 '나는 그렇게 무르지 않아. 네가 그런다고 내가 죽을 것 같니?' 하고 응수합니다.

질책하는 말, 무시하는 말, 추궁하는 말 등의 부정적인 말을 들었을 때는 그대로 내버려 두어서는 안 됩니다. 그 말이 자신의 마음속으로 스며들기 전에 자신의 입으로 자신의 마음을 향해 바꿔 말해 주어야 합니다.

"나를 위해 당신이 애써 줬으면 좋겠어."

이런 말도 그대로 두어서는 위험합니다. '당신을 위한 것도 되지만 무엇보다 나 자신을 위해서 하는 거야'라고 고쳐서 말합시다. 사람은 언제 어디에서나 본질적으로 누구를 위해서도 아닌 자신을 위해 사는 존재가 되어야 하기 때문입니다.

'바꿔 말하기'의 중요성을 아시겠지요? 당신을 위해서라고 하는 말 중에는 의외로 그렇지 않은 경우가 많습니다. '당신을 위해'를 가장하여 결국은 자신을 위해, 자신을 지키기 위해, 자신을 정당화하기 위해 하는 말인 것이 많습니다.

진심으로 당신을 생각하고 위해서 하는 말이라면 당신을 추궁하거나 낙담하게 만들지 않습니다. 정확하게 출구를 가리켜서 알려 주고, 당신이 그곳을 향해 잘 걸어갈 수 있도록

북돋아 주는 말을 해 줄 것입니다. 설령 당신의 오만을 타이
른다 해도 자신감을 잃게 하지는 않습니다. 이러한 차이도
'바꿔 말하기'를 하다 보면 자연히 알게 될 것입니다.

인간관계는
당신을 성장시킨다

인간관계란 참으로 골치 아픈 일입니다. 아무리 경험을 쌓아도, 아무리 마음을 수양해도 예상치 못한 문제가 발생하게 마련이니까요. 고민하려 들면 고민거리는 얼마든지 생깁니다. 가족과의 관계, 이웃과의 관계, 친구와의 관계, 직장에서의 관계, 그리고 애인과의 관계 등 세상의 모든 관계가 고민을 불러들입니다.

하지만 그래서 산다는 것이 즐거운지도 모릅니다. 고민이라고 생각하면 고민거리가 되고 귀찮게 생각하면 귀찮은 문제가 됩니다. 그러나 사물을 보는 시각을 조금만 바꾸어서 생각하면 아주 간단히 해결되기도 합니다. 그 뒤에 보면 자신이 전보다 좀 더 성장했다는 사실을 발견할 수 있을 것입니다. 이렇게 생각하면 인간관계란 인생에 꼭 필요한 것이 아닐까 싶습니다. 고민의 원인을 제공하는 인간관계가 사실은 당신을 성장시켜 보다 풍요로운 사람으로 만들어 주는 것입니다.

가장 고민이 많은 인간관계는 역시 애인 사이겠지요. 애인이라는 이름으로 만나는 두 사람의 관계는 사실 불안정합니다. 서로가 호의를 가지는 것만으로 이어져 있는 관계거든요. 그러므로 고민과 불안이 끊이지 않습니다. 왜냐하면 '우리 내일부터 만나지 말자. 그럼 안녕'이라고 어느 한쪽이 선언하면 끝나는 관계가 애인 사이기 때문입니다.

부부 사이는 그렇지 않습니다. '우리 내일부터 만나지 말자. 그럼 안녕'이라고 했더라도 쉽사리 깨어지지 못합니다. 친구 간에는 그렇게 심각한 말을 꺼낼 만큼 서로가 엉켜 있지는 않습니다. 따라서 애인 사이는 언제나 고민이 끊이지 않는 것입니다. 물론 그만큼 가슴 떨리는 일도 많지만요.

연애를 하다 보면 어느 한쪽이 갑자기 토라지는 경우가 있습니다. 아무리 말을 걸어도 전혀 대답이 없고 토라진 이유를 도저히 알 수 없는 경우, 이대로 헤어질 수는 없는데 끝까지 마음을 열어 주지 않는 경우, 도무지 불안해서 잠을 이룰 수 없는 그런 경우가 자주 있습니다.

반대의 경우도 있습니다. 한쪽은 간절하게 다정한 말을 원하는데 다른 쪽이 쌀쌀맞고 사무적인 태도로 헤어지려 하는 경우 말이죠. 이럴 때는 상대에게 아무리 그 이유를 물어보아도 해결의 실마리가 보이지 않습니다. 상대의 마음이 되어 생각해 보면 해결 방법이 보일 테지만 당신의 눈으로만 상대를 보고 있으니 불안과 고민의 미로를 헤매게 됩니다.

상대가 잔뜩 토라진 이유는 대개 쓸쓸하기 때문입니다. '좀 더 나를 사랑해 주었으면, 좀 더 다정하게 대해 주었으면, 좀 더 애정표현을 많이 해 주었으면' 하는 마음에 응해 주길 바라고 있기 때문입니다.

여기까지는 조금만 생각해 보면 알 수 있는 일이지만 사람은 어떤 때에는 아주 냉정합니다. 상대가 그렇게 느끼고 있다는 것을 알아차려도 좀처럼 그 마음에 공감하려 들지 않습니다. 상대의 마음을 자신의 마음처럼 생각하는 것은 매우 어려운 일입니다.

물론 토라진 상대의 마음에 도저히 답할 수 없는 경우도 있습니다. 답하기보다는 토라진 대로 내버려 두고 '안녕' 하는 편이 나을 경우도 있습니다. 하지만 결과가 그렇다 해도 역시 상대의 입장이 되어 공감했는지 그러지 못했는지가 중요합니다. 그런 다음의 '안녕'은 쓸데없는 감정 찌꺼기를 남기지 않습니다.

사람이 사람의 마음을 생각한다는 것은 언제나 그렇습니다. 어떤 인간관계에서든, 설령 눈에 보이는 결과가 동일하다 해도, 상대의 마음에 공감하고 그 마음을 공유하면 고민은 필요한 만큼의 의미 있는 것이 됩니다. 또한 내일을 불안해하는 그런 심각한 고민에 빠지지도 않습니다.

우물 안 개구리처럼
굴지 말자

최근에 나는 등산을 갔습니다. 정상에 올라서 한 바퀴를 돌며 경관을 바라보는데, 문득 자주 오르던 이 산이 매우 다양한 표정을 지녔다는 사실을 깨달았습니다. 그리고 깊은 감동을 받았습니다. 확실히 산도 보는 방향에 따라 놀랄 만큼 그 모습을 달리합니다. 또한 가까운 곳에서 보는가 멀리서 보는가에 따라서도 다릅니다. 태양이 비추는 각도에 따라서도 그 색과 질감이 또 새롭습니다. 정상에 올라가 보면 아래에서 보는 것과는 또 다른 모습입니다. 산 하나만 보아도 그런데 사람은 어떨까요? 인간관계나 사건도 모두 보는 방향, 보는 거리, 보는 시기에 따라 천차만별입니다.

바로 그렇기에 당신은 당신의 눈만을 믿어서는 안 됩니다. 아무리 확실하다고 자신해도 당신의 눈이 보는 것과는 전혀 다른 모습이 있음을 잊어서는 안 될 것입니다. 당신이 보는 사물과 반대 방향에서 같은 사물을 바라보는 사람, 서로가 눈에 보이는 것만 가지고 자기 말이 맞다고 주장하면 어떻게 될까요? 얼마나 어리석은 일입니까.

하지만 세상에는 이런 일이 아주 많습니다. 끝까지 자신이 옳다고 우기는 장면을 종종 볼 수 있습니다. 그러면 쓸데없는 에너지를 낭비하고 스트레스만 쌓이게 되는 것이지요. 이제 그런 소모적인 일은 하지 맙시다.

잠시 한 사람을 떠올려 봅시다. 정말 미운 사람이라도 좋고 아주 좋아하는 사람이라도 좋습니다. 당신에게 강렬한 인상을 준 한 사람을 떠올려 보세요. 그 사람은 어떤 인격을 지닌 사람입니까? 친절한가요? 아니면 불친절합니까? 성질이 급한가요? 느긋한가요? 정의감이 강한가요? 뻔뻔하기 그지없나요?

그렇다면 당신이 생각하는 그 사람의 인격은 세계 어디에 내놓아도 명백히 그 인격일까요? 결코 그렇지 않습니다. 당신에게는 불친절한 사람일지라도 다른 누군가에게는 매우 친절한 사람일지도 모릅니다. 당신에게는 뻔뻔스러운 사람일지라도 다른 누군가에게는 정의감에 불타는 사람일지 모릅니다. 당신에게는 느긋한 사람처럼 보여도 다른 사람은 그 사람 마음속의 초조함을 알아차렸을지 모릅니다.

당신의 경우는 어떠한가요? 당신의 마음이나 당신의 성실함이 아무리 애를 써도 상대에게 전해지지 않는 일이 있습니다. 당신과 아주 가까우면서 당신을 잘 이해하고 있는 사람에게는 통할 수 있어도 그 외의 대다수에게는 통하지 않는 일도 있습니다.

보는 사람에 따라 사람의 인격이 다르게 전해지기 때문입니다. 당신 눈에 비친 누군가의 인격은 대다수에게는 통하지 않는 일도 있습니다. 당신과 아주 가까운 사람이 느끼고 있는 당신의 인격과 다른 사람들이 느끼고 있는 당신의 인격이 다르다는 것입니다.

이것은 생각하기에 따라 소름 끼치는 일일 수 있습니다. 그렇지만 다른 시각에서 보면 멋진 일일 수 있습니다. 사람 사이의 관계가 하나로 통일되어 있지 않고 언제나 새롭다는 의미이기도 하니까요. 다시 말해, 당신은 누군가와 그때까지의 관계가 어떠했든 간에 지금이라는 순간부터 전혀 다른 관계를 형성할 가능성이 있다는 것입니다.

인격과 성격이란 상대에 따라 달리 해석됩니다. 상황에 따라서도 다릅니다. 그러므로 '이 사람은 이렇다'라고 하는 고정된 인격이나 성격은 없습니다. 물론 '저 사람은 이런 사람이다' 하고 많은 사람이 인정하는 평균적인 인격이나 성격은 있을 수 있습니다. 하지만 그 평균적인 인격이나 성격과는 반대되는, 예상외로 훌륭한 사람인 경우가 많습니다.

매사가 다 그렇습니다. 결코 '이렇다' 하고 단정지을 수 없습니다. 보는 상황, 보는 방향, 보는 거리에 따라 사물의 모습도, 인간의 인격과 성격도 모두 달라지는 것입니다.

당신은
반드시 할 수 있다

자신의 시점, 자신의 입장, 자신의 기분만으로 사물이나 사건, 사람들을 대해서는 안 됩니다. 상대의 기분과 상대의 상황, 상대의 시각을 상상해 보는 것도 인생을 보다 풍요롭고 순조롭게 하는 기술이 됩니다.

이는 결코 자신을 내려놓거나 참아서 상대에게 양보하라는 것이 아닙니다. 상대의 사정과 마음과 시각을 빌려 느껴 보라는 것뿐입니다. 그러면 서로 타협점을 찾을 수 있게 되고, 아주 어려운 일도 해결하게 됩니다.

자신의 감정과 감각에만 얽매여 일방적인 주장을 펼치고 사람들을 대해 왔다면 본질적으로 달라지는 계기가 됩니다. 실패가 성공으로 바뀌고, 절교할 뻔한 사이가 둘도 없는 친구 간으로 바뀌고, 이혼의 위기를 넘어서 새로운 부부관계에 접어드는 것은, 이처럼 보는 시각을 바꾸었을 때, 상대의 마음을 자신의 마음으로 느낄 수 있을 때 일어나는 기적입니다.

'말이야 쉽지만 그게 어디 쉽게 할 수 있는 일인가요' 하고 반문하는 사람도 있겠죠. 물론 머리로는 이해가 되지만 막상 하려고 하면 어렵고 알면서도 할 수 없는 일이 실제로 많이 있습니다.

하지만 그것을 할 수 있는지 없는지는 근성이나 의지의 문제가 아닙니다. 단지 간단한 요령을 알고 있는지 없는지에 달려 있습니다. 나는 그 요령을 여러분이 이 책을 끝까지 읽을 때까지 완벽하게 익힐 수 있도록 노력할 것입니다. 그러므로 '말이야 쉽지만 그게 어디 쉽게 할 수 있는 일인가요'라는 마음은 이쯤에서 버려주세요. 그리고 '하려고만 하면 할 수 있다. 그것도 아주 간단하고 편하게'라고 고쳐 말합시다.

여기에서 이 한 가지만은 약속할 수 있습니다. 당신은 반드시 할 수 있습니다. 왜냐하면 별것 아니니까요. 별것 아닌 일을 할 수 있다고 생각만 해도 당신의 60조 개의 세포들이 환호성을 지르며 좋아할 것입니다.

마음 편한 일상을 위한
첫걸음

어떻게 해야 보다 마음 편하고, 보다 행복하게 인간관계의 고민이나 금전의 고민 없이 살 수 있을까요? 어떻게 해야 멋진 연애를 하고 이상적인 부부관계를 유지하여 고민이나 괴로움 없는 인생을 살 수 있을까요? 지금부터 그 방법에 관해 이야기해 봅시다.

　모두 간단하기 그지없습니다. 억지로 노력하지 않아도 됩니다. 마음이 내킬 때, 또는 생각이 났을 때 하면 됩니다. 그럼 시작합시다. 먼저 심호흡을 하세요. 천천히 가슴속의 공기를 전부 내뱉어 주세요.

'이 사람이 지금 무슨 말을 하는 건가' 하며 의아해하고 있습니까? 심호흡을 한다고 해서 고민이나 괴로움이 해소될 리가 없다고 생각하시나요? 그러나 심호흡에는 그야말로 상식을 초월한 신비한 힘이 있습니다. 믿어 보세요. 일단 한번 해 본 뒤에 이야기해 보세요. 매사가 다 그렇듯이, 시도해 보지도 않고 불평부터 늘어놓으면 될 일도 잘 되지 않습니다.

어쩌면 당신은 내가 말하는 심호흡을 오해하고 있는지 모르겠습니다. 심호흡이라고 하면 보통 열심히 공기를 들이쉬곤 합니다. 여기서 내가 말하는 심호흡은 들이쉬는 것이 아니라 내쉬는 것에 포인트가 있습니다. 내 안에 있는 모든 것을 뱉어낸다고 생각해 보세요. 그러면서 가슴속의 공기를 모조리 뱉어내는 것입니다. 뱉어내지 않고는 들이쉬지 못할 테니까요.

그러므로 편안한 자세로 눈을 감고 숨을 내뱉어 봅시다. 언제나 가슴속에 조금씩 남아 있었던 공기를 이때만큼은 전부 뱉어 주세요. 모두 뱉어냈다면 숨을 참지 말고 할 수 있는 만큼 공기를 가슴속으로 넣어 주세요.

해 보았나요? 기분이 조금 차분해졌지요? 그렇다면 한 번 더, 또 한 번 더. 내친김에 또 한 번 더. 적어도 대여섯 번은 반복해 주세요. 꽤 시간이 걸릴 것입니다. 급하게 숨을 쉬어서는 안 됩니다. 딴생각은 잠시 접어 두세요. 마음을 차분하고 느긋하게 가지고 천천히 해 봅시다.

신기한 일입니다. 사람은 심호흡만으로도 어깨의 힘이 빠지면서 불안하고 초조한 마음이 조금은 가벼워지니 말입니다. 모두 불안과 초조의 원인을 해결해야만 마음이 편해지는 줄로 착각하기 쉽습니다. 하지만 그건 장기적으로 생각해야 할 문제입니다. 당장은 심호흡하는 것만으로도 몸과 마음은 안정되고 편해집니다.

숨 쉬는 것만으로도
감정을 다스릴 수 있다

심호흡은 그 당시에만 효과가 있는가? 그렇지 않습니다. 장기적으로도 도움이 됩니다. 몸도, 마음도 안정되고 편해지면 불안과 초조의 해소법도 전보다 훨씬 선명하게 보이게 됩니다.

세상일이라는 것은 불안하고 초조할수록 잘 해낼 수 있는 일도 그르치게 됩니다. 하지만 마음이 편안해지면 더 잘 해낼 수도 있는 것입니다. 스포츠를 하는 사람이라면 내 말을 쉽게 이해할 수 있을 것입니다. 불안과 초조의 원인보다는 초조해하고 불안해하는 그 자체가 문제인 것입니다.

화가 났을 때도 일단 심호흡을 해 보세요. 신기할 정도로 마음이 진정됩니다. 스트레스로 인해 숨이 막힐 것 같을 때도 심호흡을 해 보세요. 어깨를 짓누르고 있던 무게가 조금씩 가벼워지는 것을 느낄 수 있을 것입니다. 슬퍼서 마음이 아플 때도 마찬가지입니다. 심호흡을 하는 것만으로도 어떻게든 극복해 낼 수 있을 듯한 마음이 들 것입니다.

여기서 잠깐, 지금까지의 당신을 떠올려 봅시다. 어쩌면 당신은 무심코 한숨을 쉬는 버릇이 있는지 모릅니다. 주위를 둘러보세요. 꽤 많은 사람이 있을 것입니다. 심호흡을 하는 대신 한숨을 택하는 사람들, 들이쉬고 내쉬는 것만으로도 기분이 편해지는데 힘 빠지도록 한숨만 짓는 사람들 말입니다.

심호흡은 천천히 내뱉고 천천히 마시는 것이지만 한숨은 천천히 마셔 놓고도 단숨에 뱉어버리는 것입니다. 그렇게 해서는 몸과 마음을 차분히 정돈하여 다시 일을 시작할 수 없습니다. 그러므로 만일 한숨을 쉬는 자신을 발견하면 당장 마음을 고쳐먹고 심호흡을 하세요.

나는 내게 상담을 요청하는 사람들이 어떤 문제를 안고 있든 간에 반드시 심호흡법을 권하고 있습니다. 딱딱하게 굳은 어깨의 힘을 빼는 데도 심호흡, 불안을 가라앉히는 데도 심호흡, 아무 일도 손에 잡히지 않을 정도의 분노를 가라앉히는 데도 심호흡……. 심호흡은 만능치료법입니다. 게다가 언제 어디서나 누구나 간단히 할 수 있습니다.

먼저 숨을 내뱉을 때는 지하 9미터 깊이를 향해 뱉는다고 연상해 보세요. 지하 9미터면 상당히 깊습니다. 그 정도의 깊이를 향해 숨을 뱉습니다. 당신 안에 쌓여 있던 싫고 괴로웠던 일들도 함께 전부 내뱉어 버립시다. 일종의 '사기(邪氣)'를 뱉는다고나 할까요. 뱉을 때마다 당신 안에 있던 부정적 에너지가 모조리 바깥으로 나간다고 연상합시다.

대지는 놀라운 힘을 지니고 있습니다. 지하 9미터 깊이 정도면 어떤 부정적 에너지라도 완전히 흡수하여 정화해 줍니다. 그리고 다시 새로운 공기를 받아들일 때는 대자연의 영기, 대지와 우주가 가져다주는 상쾌한 에너지를 함께 전달받을 수 있습니다. 온몸이 긍정적 에너지로 충만해지지요.

심호흡하기에 제격인 장소라면, 산 정상이나 해안가도

좋겠지요. 겨울이라면 스키장, 그것도 리프트를 타고 설경을 내려다볼 수 있는 곳이 좋습니다. 집 안이라면 따뜻한 물을 받아 놓은 욕조도 좋을 듯싶습니다. 하지만 심호흡은 사실 꼭 특정 장소에 가지 않아도 언제, 어디서나 가능하다는 장점이 있습니다. 머릿속으로 그림을 그린다면요.

이 책을 읽고 있는 당신은 지금 어디에 있습니까? 주위 환경은 어떻습니까? 어쩌면 기분 좋게 심호흡을 할 수 있는 장소가 아닐지도 모르겠군요. 그래도 심호흡을 할 때만큼은 당신이 위와 같은 장소에 있다고 연상합시다. 설령 당신이 복잡한 전철 안이나 거북한 상사가 지켜보는 직장에 있다 해도 경치 좋고 기분이 상쾌한 곳에 있는 자신을 연상해 봅시다.

당신이 가장 좋아하는 경치, 가장 기분 좋은 장소를 머릿속에 떠올려 보세요. 떠올렸으면 이제 눈을 감고 연상합시다. 그리고 심호흡을 시작해 봅시다. 해 보았나요? 어떻습니까? 기분 좋지요? 내쉬는 숨에 실려 간 부정적 에너지는 대자연에 정화되고 코로 들어와 가슴을 채우는 공기에는 우주의 에너지가 가득 차 있을 것입니다.

나는 앞에서 '싫은 말과 부정적인 말은 그것이 당신의 마음속으로 스며들기 전에 바꿔 말하자'라는 이야기를 했습니다. 그리고 '사물이나 사람을 보는 시각은 매우 다양하므로 당신의 시각에만 집착하지 말고 다른 방향에서도 보자'는 말도 했습니다. 이 말들을 심호흡을 하면서 실행에 옮기면 좋습니다. 비관적인 방향으로 흘러가기 쉬운 상태에서 당신이 스스로를 구하려 할 때 가장 빨리 당신을 도와주는 방법은 심호흡이라는 것을 기억하세요.

5장

◇

행복을 부르는 주문

나 자신에게 하는 말이
곧 나의 인생을 바꾼다

지금까지 앞에서는 부정적 상태에서 긍정적 상태로 몸과 마음을 끌어올리는 과정에 대해 이야기했습니다. 이것만으로도 충분히 행복한 일상을 살 수 있으나 보다 행복하고, 보다 풍요롭고, 보다 충만한 나날을 꿈꾸어도 좋습니다. 당신이 그러길 원한다면 가능한 일입니다. 심호흡을 하면서 '주문'을 외우는 것이 좋은 방법이 될 것입니다.

사람들은 자기도 모르게 나쁜 주문을 외우고는 한숨을 쉬고 맙니다. 그것을 역이용하여 한숨은 심호흡으로, 나쁜 주문은 좋은 주문으로 바꾸면 그것만으로도 당신의 운명은 바뀔 수 있습니다. 주문이 무엇이냐고요? 좋은 주문, 나쁜 주문을 외운다니 무슨 말이냐고요? 바로 이런 것입니다.

'잘 될 거야!'

'한번 해 보자!'

'이렇게 해 봤자 헛수고 아니야?'

'관두자, 내가 이런다고 뭐가 달라지겠어?'

이런 것들이 모두 나 자신에게 거는 주문이라는 이야기입니다. 단순히 속으로 한마디 하는 것이 주문씩이나 되느냐고 반문할 수도 있습니다. 하지만 사람은 그것이 안으로든 밖으로든 내뱉은 말대로 행동하게 되어 있습니다. 하루 종일 자기도 모르게 주문을 거는 셈입니다.

'인간은 마음이 연상한 대로 살아가는 동물이다'라는 말을 들어 본 적 있지요? 나뿐만 아니라 이렇게 생각하는 사람들은 아주 많습니다. 사람의 마음이 지닌 신비를 깨달은 사람은 대개 이와 비슷한 말을 합니다. '나쁜 주문'을 외울지 '좋

은 주문'을 외울지에 따라 그 순간부터의 운명이 바뀔 수도 있습니다.

시험해 봅시다. 먼저 당신의 마음을 기쁜 말들과 즐거운 이미지로 채워 봅시다. 기쁘고 즐거운 일을 연상하는 것만으로도 당신의 표정은 밝아집니다. 몸의 움직임도 가벼워집니다. 당신의 밝은 표정과 가벼운 움직임은 당신뿐 아니라 당신 주위의 다른 사람들에게도 영향을 미칩니다. 당신의 밝음은 다른 누군가의 밝음도 되살아나게 하고 당신의 경쾌한 움직임은 주위의 모든 사람에게 영향을 끼칩니다. 바로 이것이 행복과 성공으로 향하는 첫걸음이라고 생각합니다.

나의 기쁨을 위해
살아간다

심호흡을 하면서 다음의 주문을 외워 봅시다.

"나는 누구를 위해서도 아닌 나 자신의 기쁨을 위해 살고 있다."

이 말을 해 놓고도 그 의미가 완전히 와닿지 않을 수도 있습니다. 당신은 그동안 사회를 위해 살아라, 가족을 위해 노력하라는 말을 귀가 따갑도록 들으며 살았을 테니까요. 하지만 다른 누군가를 위해 산다는 것은 당신에게 부담만 주었을 것입니다. 이제 그런 생각은 버립시다. 그래도 괜찮습니다. 당신이 당신 자신의 기쁨을 위해 살면 당신은 보다 밝고 즐거운 나날을 보낼 수 있습니다.

그러면 당신은 더 이상 불평이나 푸념을 늘어놓지 않게 됩니다. 불쾌감이나 무력감에 빠지는 일도 없어집니다. 당신이 긍정적인 사람으로 변화한다면 당연히 당신 주위에 사람들이 모여듭니다. 당신에게 도움을 주려고 하고 당신의 행복을 위해 애써 주는 사람이 믿을 수 없을 정도로 늘어납니다.

더욱 신기한 일이 일어납니다. 당신이 주위 사람들과 즐겁게 살게 되면 어찌 된 일인지 '당신 자신의 기쁨을 위해 살고 있는' 당신이 주위 사람들을 위해서도 살고 있는 셈이 됩니다. 그러니 '다른 사람을 위해 살자, 가족과 누군가를 위해 노력하자'고 생각하지 맙시다. 자신을 위해, 자신이 행복해지기 위해서라면 다른 사람을 생각해도 좋습니다. 하지만 다른 사람을 위해 자신의 행복을 희생하려는 태도는 바꾸어야 합니다.

'나는 나 자신의 기쁨을 위해 살고 있다'는 주문은 바로 그런 의미입니다.

다음 주문을 외워 봅시다.

"나는 나에게 필요한 것에는 기쁜 마음으로 돈을 쓴다."

생각보다 많은 사람이 자기 자신을 위해 돈을 쓰지 못합니다. 옷 한 벌 사려고 해도 왜 그렇게 돈이 아까운 걸까요? 내가 열심히 번 돈으로 나를 위한 것을 장만하겠다는데, 모처럼 돈을 쓰면서도 왠지 뒤가 켕기는 것 같은 기분이 들어서는 안 됩니다. 자신이 쓰고 싶은 돈을 쓰는 것이라면 그때는 정정당당하게 망설이지 않고 쓰는 것이 중요합니다. 기쁜 마음으로 쓰는 돈은 반드시 좋은 형태로 되돌아옵니다.

왠지 모르게 죄책감이 드는 이유는 무엇일까요? 어려서부터 '돈, 돈'거리는 부모 아래서 자라 왔기 때문일 수도 있고, 교육적으로 '낭비하면 안 된다'라는 인식을 깊이 받아들였기 때문일 수도 있습니다. 이제부터는 이러한 생각들에서 벗어나자고 마음을 먹읍시다.

기꺼이 자신을 위해 돈을 쓰는 사람은 낭비할 리가 없습니다. 기쁜 마음으로 돈을 쓰지 못하는 사람들이 욕구불만이 쌓여 결국 돈을 낭비하게 되는 것입니다. 쓰고 싶은 것을 꾹 참음으로 인해 쓸데없는 소비로 욕구를 해소하게 되는 것

입니다.

돈을 쓰면서도 이것은 낭비다. 혹은 이렇게 많이 쓰면 안 된다는 생각이 든다면 차라리 쓰지 않는 것이 좋습니다. 하지만 그러다 갑자기 충동적으로 쓸데없는 데 큰돈을 쓰게 될 가능성이 큽니다. 이것이 낭비에 빠지는 악순환입니다.

돈이란 원래 그때 쓸 만큼만 쓰게 되어 있습니다. 그러므로 어차피 쓸 것이라면 정정당당하게 쓰는 일을 즐기는 편이 돈을 쓴 만큼의 만족감을 맛보는 방법입니다. 당당하고 즐겁게 썼을 때 아주 작은 물건을 산 것만으로도 큰 기쁨을 느낄 수 있습니다. 그러니 지금부터 당신은 자신에게 필요한 것에는 기꺼이 돈을 쓰는 사람이 되세요.

물론 절약도 미덕입니다. 하지만 돈을 전혀 쓰지 않고 수중에 있는 돈을 봐야만 만족을 느끼는 사람은 절약을 하는 것이 아니라 인색한 구두쇠일 뿐입니다. 당신이 구두쇠가 되면 당신의 주위 사람들도 당신에 대해 인색해집니다. 그러면 당신 주위에서 돈의 흐름이 나빠집니다. 즉, 당신이 구두쇠가 되면 당신의 주위 사람들의 인격도 구두쇠가 되고 마는 것입니다.

그러므로 주문을 외워봅시다.

"나는 나에게 필요한 것에는 기쁜 마음으로 돈을 쓴다."

그런 당신은 분명 다른 사람에게 필요한 것에도 기꺼이 돈을 쓸 줄 아는 사람이 됩니다. 그러면 다른 사람도 당신을 위해서라면 기꺼이 돈을 쓰게 됩니다. 이렇게 해서 당신의 생활은 풍요로워지는 것입니다.

뜻밖의 행운을
받아들이는 자세

당신은 어쩌면 '돈과 성공과 행복은 뼈를 깎는 노력이나 고생을 거듭한 연후에 손에 넣는 것'이라고 믿고 있을지도 모르겠습니다. 만일 그렇게 믿고 있다면 이 세상이 얼마나 얄미울까요. 왜냐하면 그런 사람의 눈에는 세상이 온통 불합리하고 부조리한 것투성이로 보이기 때문입니다.

열심히 노력했는데, 너무나 많이 참고 애썼는데 어떻게 된 일인지 당신에게는 기회가 돌아오지 않습니다. 그런데 반대로 노력이나 열심과는 상관없이 태평스럽게 지내고 있는 사람들이 돈과 성공과 행복을 얻고 있으니 얼마나 분하고 원통하겠습니까. 그래서 어쩌면 당신은 이미 자신의 불우함을 극복해 나가기를 포기하고 있을 수도 있습니다.

하지만 당신이 불우하다면, 지금까지 운이 없었다면 그것은 당신에게 '느긋함'과 좋은 의미에서의 '무책임함'이 부족했기 때문입니다. 풍족한 돈과 성공과 행복이 노력에 대한 대가라고 과신했기 때문입니다. 노력 없이는 돈을 벌 수도, 풍요롭게 살 수도, 성공할 수도 없으므로 결국 행복해질 수도 없다고 의심의 여지도 없는 진실처럼 말하는 것은 이상하지 않습니까? 적어도 미심쩍은 부분이 있는 것만은 확실합니다.

주위를 한 번 둘러보세요. 열심히 노력하는 사람은 언제나 그 자리에서 맴돌고 있는데 반해 별 노력 없이 편하게 사는 사람은 풍족하고 행복하게 사는 경우가 허다하지 않습니까?

마흔다섯에 부인과 아이 하나를 둔 가장의 이야기입니다. 그는 성실함과 노력으로 지금까지 살아온 사람입니다.

하지만 그는 열심히 일해도 직장에서 큰 인정을 받지 못하고 있습니다. 원체 열심히 일하는 사람이라 생활이 될 정도의 수입은 벌고 있지만요. 그는 자신의 수입으로는 평생 가도 집 한 채 마련하지 못할 것이라며 내 집 마련의 꿈은 일찌감치 포기하고 있었습니다.

그런데 어느 날, 타지에 살고 계시는 어머니가 그에게 집을 살 수 있는 돈을 주겠다고 한 것입니다. 그는 어릴 때부터 어머니와 사이가 좋지 않아 어머니를 냉담하게 대해 왔습니다. 그래서 그는 망설였습니다. 자신은 어머니와 친하지도 않고 노후를 돌봐드릴 마음도 없는데 그런 거금을 받을 수는 없다고 결론 내렸습니다. 또, 돈은 노력에 대한 대가라고 굳게 믿고 있던 그였기에 그런 돈을 받았다가는 나중에 어떤 일이 일어날지 모른다고 생각했습니다.

하지만 그의 어머니는 그에게 아무런 조건도 달지 않았다고 합니다. 자신의 노후를 돌봐 줄 필요도 없고 그저 자식에게 도움을 주고 싶어 내놓은 돈이었습니다. 그런데도 그는 어머니의 호의를 선뜻 받아들이지 못하고 심지어 '재산을 남겨 주시려면 돌아가신 다음에 주세요'라고 하며 거절을 한 것입니다.

그의 이야기를 들었을 때 나는 다음과 같은 말을 했습니다.

"당신의 생각이 잘못된 거예요. 산다는 것 자체가 굴러 들어온 복이며 행운인데……."

생각해 보세요. 태양과 대지와 바다, 이 모든 자연의 은혜는 인간의 노력과는 관계가 없습니다. 땀 흘려 일해야만 그 대가를 얻을 수 있다고 생각하는 것이 당연하지만, 이 세상에는 몸이 으스러지도록 열심히 일하지 않고도 배가 고프면 열매를 따 먹고 강에서 고기를 잡아 먹으면서 사는 사람들이 있습니다. 자신이 땀 흘려 일한다고 해서 그런 사람들을 비난한다면 그것은 질투일 뿐입니다.

하늘에서 뜻밖의 복이 떨어졌다면 그것을 거부할 이유는 없으며, 귀한 복이 사라지는 것을 멀뚱히 지켜보는 것과 다름없습니다. 뜻밖의 행운은 감사하게 받으면 됩니다. 하물며 앞의 이야기의 주인공은 어머니가 자신에게 주는 돈이므로 쓸데없는 생각은 하지 말고 어떻게 하면 그 돈을 유용하게 쓸 수 있을지를 생각하는 것이 바람직합니다.

돈이란 정말 신기합니다. 돈을 노력의 대가라고 생각하는 사람에게는 아무리 노력하고 애를 써도 근근이 먹고 살 수 있을 만큼만 들어오지만 '돈은 돌고 도는 것'이라고 믿는 사람에게는 피나는 노력 없이도 쓰고 남을 만큼 넉넉히 들어옵니다.

지구상에 살아가고 있는 인간 이외의 생물들을 떠올려 보세요. 아무 일도 하지 않으면서도 하늘과 대지가 베풀어 주는 은혜를 받으며 살아가는 생물이 더 많습니다. 확실히 사람에게는 다른 사정이 있습니다. 인구도 많고 하늘과 대지가 베풀어 주는 것만으로는 만족하지 못하는 오만함도 있습니다. 하지만 그렇다고 해서 굴러 들어온 복을 거부할 이유는 없지 않겠습니까?

이 세상에는 뜻밖의 행운이 얼마나 많은지 모릅니다. 그것이 기회라는 것일지도 모릅니다. 손을 뻗는다는 아주 작은 노력만으로도 손에 넣을 수 있는 행운이 의외로 많습니다. 작은 행운부터 감사한 마음으로 잘 받아들일 줄 알아야 큰 행운이 왔을 때도 잘 받아들일 수 있습니다. 그러므로 주문을 외워 봅시다.

"굴러 들어온 복은 감사하게 받는다."

노력을 외치며 한곳만 쳐다보면서 걸어가는 사람에게는 하늘에서 떨어지는 복이 눈에 보일 리 없습니다.

어떤 일이 있어도
긍정을 잃지 않는다는 믿음

이쯤이면 심호흡을 하면서 외우는 주문의 진수를 파악한 사람도 있을 것 같군요. 주문의 진수는 바로 '어떤 일이 있어도 긍정적으로'입니다.

긍정적인 것의 반대는 '싫어, 할 수 없어, 불가능해, 믿을 수 없어, 미워' 등이 되겠지요. 그런 부정적인 말이 당신의 마음속으로 침입하려 할 때는 즉시 심호흡을 합시다. 그리고 주문을 통해 부정적인 말을 긍정적인 말로 대치하는 것이 요령입니다.

심호흡을 하면서 긍정적인 연상을 하는 것은 다름 아닌 명상을 말합니다. 명상이나 요가는 배우거나 지도를 받거나 하지 않으면 못할 것 같지만 심호흡을 하면서 긍정적인 연상을 하는 것은 쉽게 할 수 있습니다.

명상도 요가도 먼저 호흡을 가다듬는 것부터 시작합니다. 그러므로 의자에 앉아도 좋고, 따뜻한 물을 받아 둔 욕조에 들어가도 좋고, 시원한 마루 위에 드러누워도 좋으니 일단 호흡을 가다듬어 주세요.

심호흡을 하면서 팔다리, 목, 어깨, 배를 머릿속에서 쓰다듬어 주세요. 부드럽게 매만져 주면서 몸의 힘을 빼고 따뜻하게 안아 주세요. 그리고 손끝부터 내장까지 신체의 각 부분을 천천히 연상합니다. 혈액이 흐르고 있는 모습, 세포 하나하나가 일하고 있는 모습, 호흡을 한 번 할 때마다 부정적 에너지가 몸 밖으로 빠져 나가고 긍정적 에너지가 흡수되는 모습······.

분명 기분이 좋아질 겁니다. 그뿐만이 아닙니다. 이것을 반복하면 당신을 구성하고 있는 60조 개의 세포 하나하나가 선명히 보이는 순간이 옵니다. 바로 이때가 찬스입니다. 모

든 세포에게 긍정적인 말을 전달합시다.

그리고 얼마 후 좀 더 멋진 순간이 찾아옵니다. 당신이 우주 안에 포근히 안겨 사랑받고 있는 모습과 에너지가 충만해 있는 모습을 구체적인 이미지로 실감하는 순간이 옵니다.

그때 당신은 느낄 것입니다. '내가 살고 있는 것이 아니라 나를 살게 하는 것이구나'라고 말이죠. 정말 그렇습니다. 인간은 자신이 노력하고 애를 써서 살고 있는 것이 아닙니다. 자신의 힘과 세상의 힘을 초월한 어떤 커다란 힘이 나를 살게 하고 있음을 깨닫게 됩니다.

그 실감은 참으로 경이롭습니다. 진정한 의미에서의 감사는, 긍정적인 마음은 이런 실감을 느꼈을 때부터 시작되는 것일지도 모릅니다.

마음에 백지 상태가
필요할 때

명상이나 요가와 거의 비슷한 훈련법을 심리학에서도 하고 있는데, 독일에서 개발한 대뇌생리학을 기초로 한 과학적인 방법이 있습니다. '자율훈련법'이라고 불리고 있는 그 방법에 대해 여기에서 간단히 설명하겠습니다.

"사람의 감정과 마음은 자율신경계, 즉 부교감신경과 교감신경의 밸런스에 의해 지배된다. 그러므로 자율신경계의 밸런스를 유지할 수 있으면 몸과 마음의 상태가 좋아지고 일의 처리능력도 높아진다."

간단히 말해 '몸과 마음은 불가분의 관계이므로 마음을 안정시키기 위해서 몸 상태가 좋아야 한다'는 것을 바탕으로, 몸과 마음을 편안하게 만들어 주는 요법입니다. 구체적으로는 다음의 순서에 따라 실시해 볼 수 있습니다.

① 편안한 자세로 앉습니다.

② 옷의 벨트와 단추 등은 헐겁게 하고 몸을 편하게 합니다.

③ 눈을 감습니다.

④ 목을 크게 돌려 목 주변의 근육을 풀어 줍니다.

⑤ 양어깨를 위로 올렸다가 떨어뜨리는 동작을 세 번 정도 반복하여 어깨의 힘을 뺍니다.

⑥ 가능하면 허리 윗부분을 앞으로 쓰러뜨렸다가 다시 세우고 크게 돌리면서 등줄기의 힘을 뺍니다.

⑦ 천천히 심호흡을 반복합니다.

⑧ 다음에는 심장의 움직임을 느낍니다. 느끼면서 스스로에게 말합니다. '내 심장은 매우 조용히 뛰고 있다. 편안하고 좋다.'

⑨ 이번에는 힘을 빼는 것을 연상합니다. 먼저 오른손부터입니다. '오른손이 무겁다'고 마음속으로 중얼거리면서 오른손이 무거워지는 것을 느낍니다. 사람은 힘을 빼려고 해도 좀처럼 빼지 못합니다. 하지만 몸이 무겁다고 느끼면 저절로 힘이 빠집니다.

⑩ 다음은 왼손입니다. 왼손이 무겁다라고 연상합니다.

⑪ 이번에는 발로 옮겨 오른발이 무겁다고 연상합니다.

⑫ 왼발이 무겁다고 연상합니다.

⑬ 이번에는 몸에 온기를 느낍니다. '오른손이 따뜻하다'에서 '왼발이 따뜻하다'까지 연상하고 그런 다음 '배가 따뜻하다'고 중얼거리면서 배에 온기를 느낍니다. 실제로 혈액순환이 원활해졌기 때문에 온기를 느낄 수 있습니다.

⑭ 마지막으로 이마가 시원해짐을 느낍니다. '이마가 차가워져서 아주 시원하다.'

처음에는 어렵겠지만 조금이라도 '무게'나 '온기'를 느낄 수 있으면 그것으로 대성공입니다. 계속 반복하다 보면 잘

할 수 있게 됩니다. 몸의 피로도 풀립니다. 이것은 명상을 하고 있을 때와 같은 효과를 줍니다. 소란스러웠던 몸과 마음을 차분히 가라앉히고 다시 재충전할 수 있도록 합니다.

자율훈련을 할 때의 마음은 그야말로 백지상태가 됩니다. 외부에서 들어오는 이미지를 그대로 흡수합니다. 그러므로 긍정적인 말을 해야 한다는 것을 유의하세요.

늘 당황해서 실패하고 마는 사람이라면 '괜찮아. 나는 무슨 일이 있어도 당황하지 않아. 차분히 일을 처리할 수 있어' 하고 가르쳐 줍니다. 화를 잘 내는 사람이라면 '나는 늘 차분해서 무슨 일이 있어도 화를 내지 않아' 하고 말해 줍니다. 다른 사람의 미움을 사고 있다고 걱정하는 사람이라면 '나는 세상의 모든 사람에게 사랑받고 있다'고 타일러 줍니다.

이것만으로도 충분합니다. 당신의 마음은 긍정적인 말을 받아들여 다음 순간부터 지금까지와는 다른 반응을 하게 됩니다. 특히 자율훈련은 마무리도 중요합니다. 마음을 기분 좋게 편안한 상태로 이끈 다음 긍정적인 말들을 마음에 새기는 것으로 마무리하는 것입니다.

① 눈을 감은 채로 팔을 앞으로 뻗습니다.

② 앞으로 뻗은 팔에 천천히 힘을 넣습니다.

③ 힘을 넣은 상태에서 팔을 가슴 쪽으로 당깁니다. 그리고 가볍게 몸을 앞으로 굽히는 운동을 두세 차례 반복합니다.

④ 눈을 뜹니다.

여기까지 하면 기분이 좋아지고 피로와 스트레스도 해소되면서 무슨 일이든 할 수 있을 것 같은 기분이 듭니다. 아무리 어려운 일도 어떻게든 해결될 것만 같은 기분. 하지만 이것은 기분만이 아닙니다. 실제로 그것이 가능하게 된 당신을 발견하고 믿어 주세요. 그래도 아직 생각대로 풀리지 않는 일이 있다면 그럴 때는 한 번 더, 또 한 번 더 자율훈련을 반복해 봅시다. 자율훈련을 할 때마다 효과는 더욱 커지니까요.

괜찮아,
잘 될 거야

이제 이 책의 남은 페이지 수가 얼마 되지 않습니다. 당신은 곧 나의 설교에서 졸업하게 될 것입니다. 다음 주문으로 넘어갑시다. 이 주문이야말로 만능 주문입니다.

"괜찮아, 괜찮아. 반드시 잘 될 거야."

심호흡을 하면서 외우는 주문으로서 이것만큼 제격인 것은 없습니다. 일단 한번 해 보면 압니다. 심호흡을 하면서 이 주문을 외우면 그것만으로도 마음이 차분히 가라앉습니다. 그리고 잘 해결될 것이라는 확신을 가질 수 있습니다.

이 세상에서 일어나는 모든 사건과 당신이 만나는 모든 문제는 괜찮은 일밖에 없습니다. 당신이 괜찮다고 생각하고 마음을 차분히 가라앉히기만 하면 괜찮지 않을 나쁜 사건이나 해결 불가능한 곤란한 문제는 결코 일어나지 않는 법입니다.

내가 이런 말을 하면 꼭 옆에서 참견을 하는 사람이 있습니다.

"마치 무슨 종교 같군요. 믿는 자는 구원을 받는다는 말과 다를 바 없지 않습니까?"

그렇습니다. 어쩌면 나는 그런 의미에서 종교가일지 모릅니다. 단, 이 종교는 특별합니다. 나는 여느 종교와는 다른 '자신을 믿는 교'의 전도사입니다.

다행스럽게도 이 종교의 교리는 매우 단순합니다.

"자신을 믿을 수 있는 사람은 이 세상 모든 것을 믿을 수 있고 지금 자신의 눈에 보이는 현상에 현혹되지 않습니다. 자신을 믿을 수 있는 사람은 우주의 신비를 믿을 수 있으므로 우주의 에너지와 대지의 에너지를 온전히 받아들여 자신의 힘으로 활용합니다. 기도도 간단합니다. 괜찮아, 이 한마디입니다."

자신을 믿는 사람은 행복합니다. 스스로에 대한 단단한 믿음으로, 무슨 일이든 잘 될 거라는 생각으로 임하는 사람은 나쁜 일이 일어날 염려도 없고 모든 일이 좋은 방향, 긍정적인 방향으로 전개될 것이라고 상상하기 때문입니다.

그러므로 그 사람에게는 나쁜 일은 일어나지 않습니다. 설령 나쁜 일이 일어났다 해도 반드시 해결방법을 찾아내고 그 경험을 영양분으로 삼아 성장합니다. 그 덕택에 계속해서 좋은 경험을 쌓아 보다 풍요로운 인생을 누릴 수 있게 되는 것입니다.

하지만 이것도 엄연한 종교이므로 믿지 않는 사람에게는 입이 아프도록 설명을 해도 아무 소용이 없습니다. 믿느냐 믿지 않느냐에 따라 만사가 정해지기 때문입니다. 믿기만 하면 그 후의 미래가 열리고 믿지 않으면 열리지 않으므로 믿지 않는 사람은 영원토록 이 종교의 힘을 알지 못합니다.

단, 이것만은 알아 두세요. '자신을 믿는 교'는 일체의 헌금도, 수행도 요구하지 않습니다. '주문을 외우면 좋습니다'라는 한마디만을 요구하는 종교입니다.

그렇다면 주문을 외워 보는 것이 이득이라고 생각하지 않습니까? 외워 보고 만에 하나 별 이득이 없다 해도 손해 보는 것은 '주문을 외웠던 짧은 시간'뿐입니다. 그러므로 외워 봅시다.

"괜찮아, 괜찮아. 반드시 잘 될 거야!"

이것으로 충분합니다.

여러분도 짐작하고 있겠지만 이런 주문은 얼마든지 만들 수 있습니다. 자신을 풍요롭게 하는 말이나 긍정적으로 만드는 말은 모두 멋진 주문이 됩니다. 당신도 자신만의 독창적인 주문을 만들 수 있을 것입니다.

언제든 나 자신에게 믿음을 실어 주고, 무슨 일을 하든 자신감을 북돋아 줄 수 있는 말이면 됩니다.

"나는 매력적이고 아름답다. 나만의 매력으로 빛나고 있다."

이 주문은 지금 이렇게 책을 읽고 있는 당신에게 내가 외워 주는 선물입니다. 나의 주문으로 당신의 매력과 아름다움이 더욱 빛을 발하고 있지 않습니까?

이제 당신도 주문을 외울 수 있을 것입니다. 특히 '나는 매력적이고 아름답다. 나만의 매력으로 빛나고 있다'는 매일 매일, 하루도 빠짐없이 외우고 싶은 주문입니다.

외워 보세요. 그것만으로도 효험이 즉각 나타납니다. 오늘의 당신은 어제의 당신보다 아름답고 내일의 당신은 오늘의 당신보다 더욱 아름다워집니다.

참으로 마음이 편안해지는 책

초판 발행   2023년 5월 30일

지은이   가나모리 우라코
펴낸곳   다른상상
등록번호   제399-2018-000014호
전화   02)3661-5964
팩스   02)6008-5964
전자우편   darunsangsang@naver.com

ISBN   979-11-90312-84-4 03190

잘못된 책은 바꿔 드립니다.
책값은 뒤표지에 있습니다.

독자 여러분의 책에 관한 아이디어나 원고 투고를 설레는 마음으로 기다리고 있습니다.
이메일로 간단한 개요와 취지, 연락처를 보내주세요. 독자님과 함께하겠습니다.